# 双板滑雪教程

## 提高滑雪水平的 50 个基本要领

### （修订版）

[日]佐佐木常念 主编 杨凡 王爽威 译

U0734613

人民邮电出版社

北 京

# 修订版序

　　《双板滑雪教程：提高滑雪水平的50个基本要领》（修订版）原名《极速前进！提高滑雪水平的50个基本要领》，于2016年首次出版。本书讲解了重视平衡和重视回转两种最基本的滑行方式，并从转弯的基本技巧、大回转、小回转、有障碍物的地形以及新雪、冰冻积雪的不同雪场情况五个层面，向滑雪爱好者提供了50个基本要领。因此，本书得到了广大读者的认可。

　　为了进一步直观地呈现本书的定位和特点，在本次修订中将《极速前进！提高滑雪水平的50个基本要领》更名为《双板滑雪教程：提高滑雪水平的50个基本要领》（修订版）。

　　此外，由于旧版图书在内容表达上尚存在一些不足，这次本着严谨求实、对读者负责的态度，对书中的内容进行了修订。修订后，本书内容更加准确，也将更加方便读者使用。

　　最后，如本书仍有疏漏或尚需改进之处，敬请同行专家以及广大读者指正。

2019年2月

# 前　言

当今，滑雪技术可以说是日新月异。

虽说滑雪运动传到日本已经有100多年了，但各种各样的滑雪技巧依旧在不断经历着从诞生、演变到发展的过程。

在高度文明的现代社会，滑雪用具不断更新，滑雪技术也在相应发展。

但并不是所有的事物都在变化。

站在两只滑雪板上，保持平衡，从容不迫地控制着重心去滑雪这件事情的本质是不会发生改变的。

一方面是要不断努力去磨炼最基本的技术，另一方面就是既要重视个性的发挥，同时又要把技术水平发挥到极致。最终的体现形式就是滑雪水平的提高。

滑雪是接触大自然的一项运动。无论是什么雪质，都不应该强迫自己去征服大自然。根据雪质、斜面陡坡状况的不同，顺应大自然的滑行才是至关重要的。

本书是一本可以帮助滑雪者提高滑雪技术的参考书。如果本书能为大家滑雪技术的提高提供一些帮助，对于我来讲是无上光荣的。

佐佐木常念

本书简单易学，无论从哪一页阅读都可以独立成篇。为了方便初次阅读的读者，本书特意准备了阅读方法的说明。

**图标**

表示的是重视平衡或/和重视回转。在两者都标出的情况下，表示均可以使用。

要领 **10** 第1章 转弯的基本技巧和要点

重视平衡 重视回转

雪杖的作用

# 雪杖应该放在不影响滑雪的位置

**要点**

① 在转弯后半程开始准备使用雪杖。
② 切换滑雪刃之后开始使用雪杖。
③ 在切换滑雪刃之前使用雪杖的话，会妨碍滑行动作。

**标题**

用一句话总结概括准备学习的技巧、特点。

**要点**

在学习标题内容时，总结出的学习要点。

## 使用雪杖有助于掌握时机，并且利于保持身体平衡

令人意想不到的是，很多人对于使用雪杖不够重视。使用雪杖除了可以辅助转弯动作之外，还可以通过点杖来保持身体平衡。

雪杖的作用就是保持运动节奏和控制身体平衡，其中最重要的就是保持节奏。如果在滑行中一直保持稳定的动作节奏的话，即使平衡出现一些问题，也可以完成转弯动作。需要注意的是，在切换滑雪刃之前不要使用雪杖。一旦使用，就会妨碍到身体的滑行动作。

30

**具体内容的说明**

将本页学习的内容用文章的形式进行解释说明。

各个要点
作为要点列举出来的内容，写有详细的说明文字。

写真
各个要点的动作照片，标有"NG"（不好的镜头）字样的就是需要改善的动作。

## 要点 1

在转变后半程开始准备使用雪杖。

与其明确指定拿起雪杖的地点以及点杖的地点，不如在滑行中慢慢连续点杖。开始使用雪杖的最好时机在转弯的后半程。在这一过程中，做好点杖准备的话，容易抓住切换动作的时机。

## 要点 2

切换滑雪刃之后开始使用雪杖。

为了切换滑雪刃，靠近山侧的身体有必要移动到谷侧。但是如果在移动身体之前点杖的话，身体就不容易移动到谷侧。因此，身体移动到谷侧之后再使用雪杖是关键所在。

## 要点 3

在切换滑雪刃之前使用雪杖的话，会妨碍滑行动作。

如照片所示，在切换滑雪刃之前使用雪杖的情况很多。结果就是身体被雪杖妨碍，在接下来的转弯中变得无法移动，导致无法顺利地完成切换动作。

### 无法完美达成之时
### 看看这里

确认点杖的节奏是否过快。摆好姿势保持一定的节奏。

### 一起来检查!

☐ 是否在转弯后半程慢慢地开始点杖。
☐ 雪杖是否阻碍了滑雪刃的切换动作。

**无法达成目标之时**
无法达成目标的时候，介绍一些可以改善动作或提高完美度的技巧。

**最终整理**
总结这一页应该达到的目标动作和应有的滑雪感觉。

# 从哪里开始练习？
# 重视平衡，还是重视回转

在本书中，我们既介绍如何准确地控制滑雪板，在各种雪质中畅通无阻的"重视平衡"的滑行方法，也介绍如何最大限度地利用滑雪板的形状进行"重视回转"的滑行方法。这两种滑行方法仅仅是身体使用方式的变化，基本的动作都是大同小异的。大家可以根据自身喜好以及滑雪场状况，选择适合自己的最佳方式。

## 重 视 平 衡

## 重 视 回 转

■ 滑行特点 ·····················

◯

在身体的正下方控制滑雪板
容易调节摩擦力的大小
容易控制平衡
适用于有障碍物或新雪等的情况
在无压雪地面使用
双腿伸直的站立姿势是基础

✕

达到两腿并行需要时间
包含犁式转弯的要素
是滑雪考级时需要考查的高速滑行项目
要求达到一定的速度

■ 滑行特点 ·····················

◯

通过身体的偏离控制滑雪板
容易保持速度
两脚很容易保持一致的动作
适用于走刃转弯
大腿偏离身体中轴线，屈膝姿势是基础

✕

在无压雪地面转弯困难
不易掌控平衡
不易掌握滑雪板的快速停止
转弯弧度的调节有难度

◯容易掌握，✕较难掌握。
**如果想提高到更高的水平，难点也需要完全掌握。**

# 转弯的基础

其实仅仅是站在滑雪板上,我们就可以笔直地向前滑行。但是在这里,我们需要简单地向大家介绍重视平衡和重视回转这两种不同的滑雪板的移动方法。关于具体的移动方法,正文会有更加详细的解释和说明。在阅读正文之前,我们需要把这些最基本的知识牢记在心。

## 重 视 平 衡

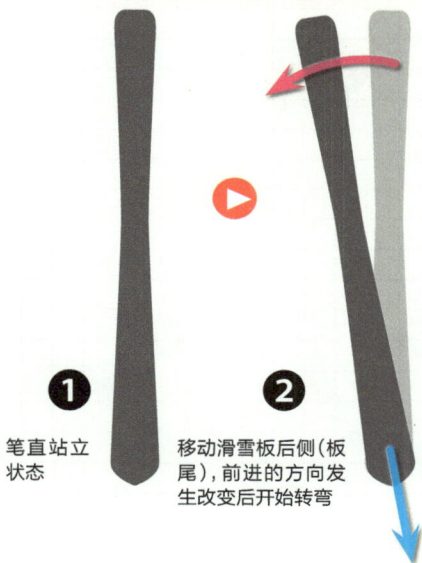

**❶**
笔直站立状态

**❷**
移动滑雪板后侧(板尾),前进的方向发生改变后开始转弯

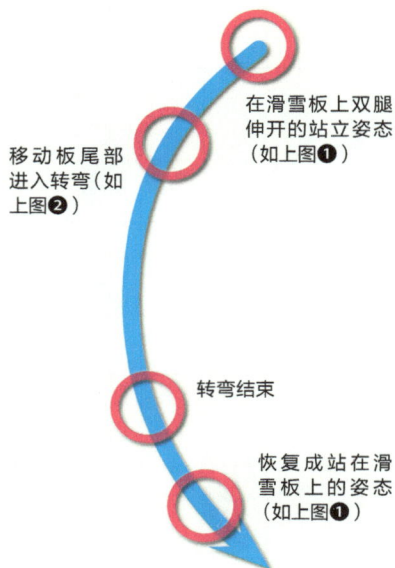

在滑雪板上双腿伸开的站立姿态(如上图❶)

移动板尾部进入转弯(如上图❷)

转弯结束

恢复成站在滑雪板上的姿态(如上图❶)

## 重 视 回 转

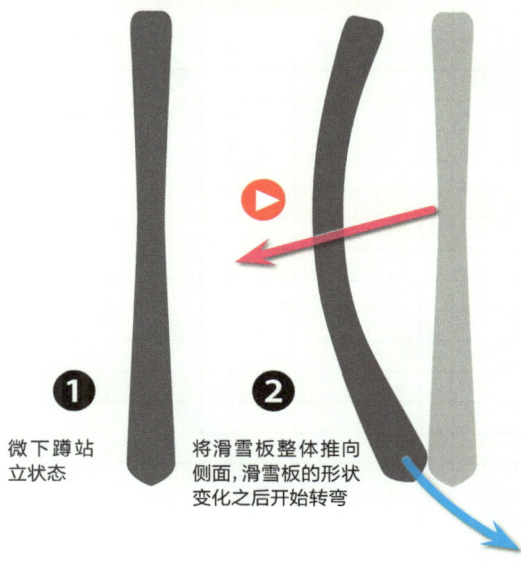

**❶**
微下蹲站立状态

**❷**
将滑雪板整体推向侧面,滑雪板的形状变化之后开始转弯

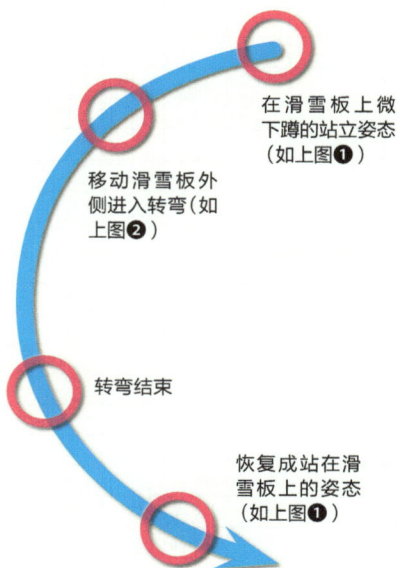

在滑雪板上微下蹲的站立姿态(如上图❶)

移动滑雪板外侧进入转弯(如上图❷)

转弯结束

恢复成站在滑雪板上的姿态(如上图❶)

# 练习要按照由易到难的顺序进行

最开始尝试的并不是难度较高的练习，一定要遵循由易到难的原则，循序渐进。

在这里，我们首先要简单介绍滑雪所需要的3个条件以及准则。

## 斜面

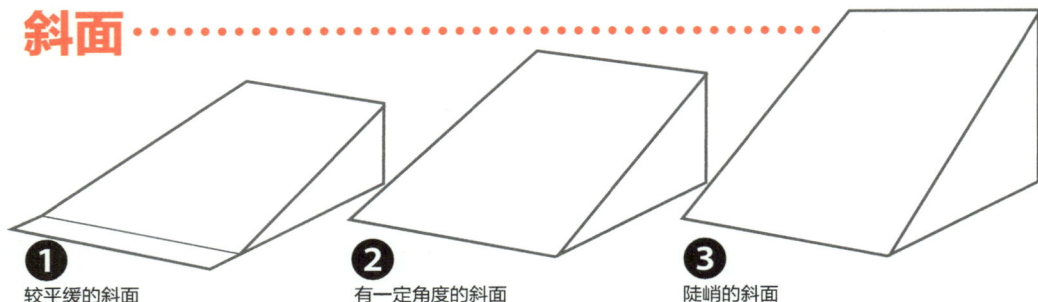

**1** 较平缓的斜面

**2** 有一定角度的斜面

**3** 陡峭的斜面

## 转弯数

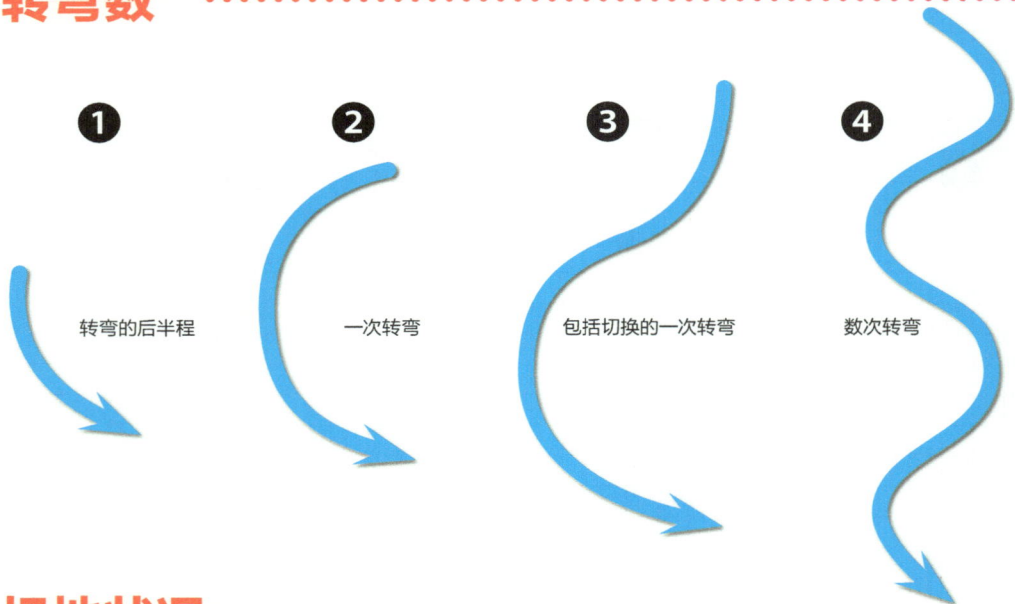

**1** 转弯的后半程

**2** 一次转弯

**3** 包括切换的一次转弯

**4** 数次转弯

## 场地状况

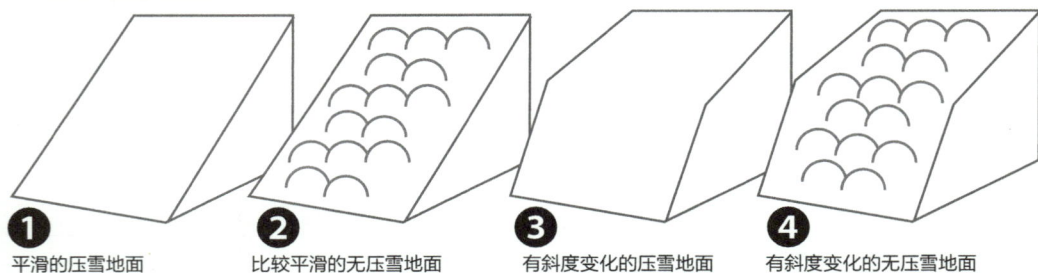

**1** 平滑的压雪地面

**2** 比较平滑的无压雪地面

**3** 有斜度变化的压雪地面

**4** 有斜度变化的无压雪地面

# 目录

## 第1章  转弯的基本技巧和要点　11

## 第2章  掌握大回转的动作　33

## 第3章  掌握自由自在的小回转　55

# 第 1 章

## 转弯的基本技巧和要点

# 滑雪的回转动作中, 分为重视平衡和重视回转两种方法

**要点**

1. 重视平衡就是保持身体直立的姿势, 以大腿为中心控制滑雪板的方法。
2. 重视回转就是保持身体微下蹲的姿势, 以髋关节为中心控制滑雪板的方法。

## 回转的两种方式

从很久以前开始, 伴随着滑雪用具的不断改进更新, 各种各样的滑雪技术以及滑雪理论应运而生。其中, 有些疑问重重的荒谬理论反而成了大家的共识。

在本书中, 根据大家滑雪目的的不同, 主要介绍两种滑雪技巧。

这两种技巧就是我们多次重复过的重视平衡和重视回转。

重视平衡的方法在速度控制上具有绝对的优势, 重视回转的方法能够更好地发挥滑雪板的作用。总之两种方法各有千秋, 平分秋色。

重视平衡就是保持身体直立的姿势，以大腿为中心控制滑雪板的方法。

保持身体笔直，站在滑雪板上。在滑行中始终保持身体平衡。

身体重心不要放在转弯内侧，用大腿带动身体转弯。

完成转弯时，身体也要保持直立的姿势。在确保稳定的状态下，准备下次转弯的动作。

重视平衡的滑行方法容易控制滑行速度。因此，它不仅仅适用于中速滑行，在有障碍物、无压雪地面、新雪、深雪等粗糙斜面的滑雪场也同样适用。

重视回转就是保持身体微下蹲的姿势，以髋关节为中心控制滑雪板的方法。

双腿微屈的姿势可以保持长时间滑行的动作。在进行加速、大回转等动作时易于操作。

身体在转弯时向内侧倾斜，使滑雪板向外侧移动，从而画出一条大弧度曲线。

以身体下蹲的姿势完成转弯，在不受速度和离心力影响的情况下，准备下一个转弯动作。

重视回转的滑行方法利用了在犁式转弯中滑雪板容易弯曲的特点。由于滑雪板会大幅度弯曲，所以在竞技比赛中它是不可缺少的加速方式。

**无法完美达成之时**
**看看这里**

首先要理解滑行的两种技巧。

**一起来检查!**

☐ 是否已经理解了两种滑行技巧的基本动作和特征。

☐ 在滑雪的众多技巧之中，主要包括重视平衡和重视回转这两类。

# 滑雪板与身体出现偏离，才能开始转弯

无论是哪一种方法，身体偏离滑雪板的动作是相同的（照片中展示的是重视回转的方法）。

滑雪板和身体一旦出现偏离，转弯就要开始。上半身向内侧倾斜只是辅助性动作。

转弯结束后，进入下一次身体偏离滑雪板的准备动作。

改变滑雪板的方向，带动转弯的开始

最简单的转弯方法就是犁式转弯。只要预先准备好滑雪板，对准想转弯的方向，摆好滑雪姿势就可以了。

即使两只滑雪板并排滑行，道理也是相同的。移动重心，切换滑雪刃，将身体偏离平行的滑雪板。身体的朝向和滑雪板的前进方向发生了改变，因此转弯才会开始。

当然，这时重心的位置、脚掌的位置、滑雪板承载的重量等要素，都会变得至关重要。因此，在这一页中，我们要首先理解简单的转弯原理。

## 要点

❶ 就像控制汽车的方向盘那样，需要改变滑雪板的朝向。

❷ 如果移动不了滑雪板，就要移动身体的重心。

就像控制汽车的方向盘那样，需要改变滑雪板的朝向。

无论是哪种方法，切换动作之前一定要保证滑雪板在身体的正下方。

通过滑雪板的移动，开始转弯。

滑雪板一旦偏离身体，就会形成如图所示的动作。

滑雪板虽说偏离身体，但并不是瞬间偏离的。我们需要特别注意的就是滑雪板的板头。板头猛然改变朝向的话，滑雪板会骤然弯曲，甚至会突然刹车，导致滑雪者跌倒。就像汽车拐弯那样，需要慢慢地改变方向。

如果移动不了滑雪板，就要移动身体的重心。

**NG**

在切换动作时，如果重心向脚尖方向移动过多，大腿就会失去对动作的控制。

为了不让大腿移动，最好以倾斜上半身、稍曲双腿的姿势进入转弯。

如果不能保持两只滑雪板的朝向一致，很容易失去平衡，最终无法完成转弯动作。

在转弯中经常看到的，就是上半身突然向内侧倾斜的动作。因为上半身仅仅是移动下半身和身体重心时的辅助性动作。如果不理解这一点，只能算是单纯地模仿滑雪选手的动作而已。

---

**无法完美达成之时**
**看看这里**

不要同时考虑过多的要素，首先要理解转弯的步骤。

**一起来检查!**

☐ 为什么会转弯? 对于转弯的步骤是否已经理解了。

☐ 是否对移动滑雪板有了一定的认识和理解。

☐ 滑雪板是否已经可以偏离身体了。

# 滑雪板的偏离方法就是让其向外侧移动

要点

1 重视平衡的方法就是要移动滑雪板的板尾。

2 重视回转的方法就是要移动滑雪板的整体。

## 重视平衡的方法就是要移动滑雪板的板尾, 重视回转的方法就是要移动滑雪板的整体

在这一页中, 我们要介绍让滑雪板偏离身体的动作方法。

在重视平衡的方法中, 滑雪板的板尾产生大幅度移动是关键所在。一旦滑雪板的板尾发生移动, 滑雪板由于大面积地切入雪面, 可以适度地一边减速一边进入转弯。

另一方面, 在重视回转的方法中则需要移动滑雪板的整体。如果滑雪板的整体发生移动, 滑雪板和雪面产生的巨大摩擦力会使滑雪板大幅度偏离身体, 因此, 可以完成漂亮的大回转动作。

重视平衡的方法就是要移动滑雪板的板尾。

把重心全部放在脚尖的话，更容易移动滑雪板的板尾。

不承受体重的脚跟带动板尾慢慢移向转弯外侧。

一边移动板尾，一边慢慢地把重心移向整个脚掌。

为了移动滑雪板的板尾，有必要把重心尽量靠前。因此，移动前身体重心的位置要靠近脚尖。移动板尾后，再慢慢将重心移到整个脚掌，这样就可以掌握减速的技巧。

重视回转的方法就是要移动滑雪板的整体。

为了能够移动整个滑雪板，要尽量把重心全部放在山侧。

将自身的体重全部放在外侧大腿上，然后把滑雪板整体移向外侧。

将自身体重完全放在外侧滑雪板上之后，一边保持身体平衡，一边使滑雪板偏离身体。

在转弯前半程，为了移动滑雪板的整体，在切换动作中松开滑雪刃是非常重要的。如果不这样做，滑雪板整体会陷入积雪，导致无法移动。此外，身体重心的位置要放在整个脚掌，同时把上半身的重量尽量压在滑雪板上，然后将滑雪板慢慢向外侧推离。

---

**无法完美达成之时**
**看看这里**

实际上在进行转弯练习之前，可以进行斜坡滑降的练习，这样会更容易体会动作的要领。

**一起来检查!**

☐ 如果滑雪板的板尾无法移动，原因一定是体重完全压在了脚跟上。

☐ 滑雪板的整体无法移动之时，原因可能是滑雪刃切入了雪面，或者是体重没有完全压在滑雪板上。

# 记住将体重压在滑雪板上的动作

## 承载体重的过程就是给滑雪板施加压力的过程

在滑雪运动中，经常使用"承载体重"这个词语。虽然理解起来比较容易，但实现起来还是有些困难的。

实际上在转弯过程中，由于前后半程动作不同，承载体重的方式必然会发生变化。在转弯前半程，因为滑雪板偏离身体，双腿就会往外侧伸直。这是因为对滑雪板施力的结果，也就是我们常说的施加压力。另一方面在转弯后半程中，为了能够准备好下一次转弯的动作，身体重心会逐渐接近滑雪板。因此，随着滑雪板的位置变化，承载体重的方法也会随之改变。

**要点 1**

在转弯的前半程, 要一边伸腿, 一边将体重压在滑雪板上。

转弯前半程由于滑雪板和身体偏离的原因, 会把滑雪板推向外侧。其结果就是, 看起来双腿好像伸直了。但是如果主动伸直双腿的话, 力量就会传达不到滑雪板, 反而会使滑雪板离开雪面, 所以一定要注意。

**要点 2**

承载了体重的滑雪板会出现弯曲。

总是在转弯前半程伸直双腿的话, 会导致身体向山侧倾斜而失去平衡。当滑雪板恢复形状以后, 通过外侧腿的大腿根弯曲, 身体就能靠近滑雪板。这样可以比较容易切换姿势。

**要点 3**

在转弯的后半程, 上半身靠近滑雪板的同时, 把体重压上去。

在转弯的后半程, 上半身要靠近滑雪板, 将身体的重心压在滑雪板上, 为下一次转弯做好准备动作。

---

**无法完美达成之时 看看这里**

重要的是转弯前半程的承载体重方法。可以使用本书前页所介绍的动作, 练习进行转弯的方法。

**一起来检查!**

☐ 在转弯前半程, 是否有压住雪面的感觉。
☐ 在转弯后半程, 身体是否向山侧倾斜。
☐ 是否理解滑雪板承载体重的方法。

# 要体会力量传给滑雪板和雪面的感觉

只要抓住动作的诀窍，自己也可以判断完成动作的质量

在切换动作时抬起内侧大腿的话，容易体会用力下压滑雪板的感觉。

抬起的腿在到达下降线后放下。

在后半程中，为了下次转弯做好准备动作。

为了更好地抓住承载体重的感觉，我们来介绍一些可以在室内进行的练习。

在转弯前半程中，给滑雪板加压的感觉和挺直身体的感觉非常类似，而且练习时不能一口气将身体挺直，而应循序渐进。转弯后半程的感觉就像是被人从后面推着前进，自己的力量可以稍稍减弱。

从下页介绍的错误范例也可以发现，把体重承载在滑雪板上时，转弯的姿势非常关键。

## 要点

1 给滑雪板加压的感觉接近挺直身体的感觉。
2 注意身体靠近滑雪板的感觉。
3 姿势不正确的话，力量就会无法传递到位。

**要点 1**

给滑雪板加压的感觉接近挺直身体的感觉。

两人一组，把对方的双手放在自己的肩膀上。慢慢伸直双腿，把对方的双手顶起。如能感受到通过双腿用力，能将对方的双手顶起的话，就说明动作到位了。

**要点 2**

注意身体靠近滑雪板的感觉。

为了练习转弯后半程承载体重的方法，可以让对方的双手压住自己的肩膀。双腿并不是完全弯曲，而是稍稍屈膝。这就是转弯后半程滑雪板承载体重的感觉。

**要点 3**

姿势不正确的话,力量就会无法传递到位。

无论是胸部过于靠后，体重完全压在脚跟，还是胸部过于靠前，体重完全集中在脚尖，都不能很好地抬起自己的身体。不仅如此，还会被对方的双手牢牢地压制住。

**NG**

---

**无法完美达成之时**
**看看这里**

对方用尽全身力气压下来的话，自己很难站起身来。所以让对方用适度的力量来进行练习。

**一起来检查!**

☐ 通过用力蹬地面，是否能够感受到将对方的双手顶起的感觉。

☐ 在对方施压的情况下，是否能感受到双腿弯曲的感觉。

# 选择可以前后左右移动的姿势

### 要点

1. 为了控制自己的动作，可以选择双腿微屈的姿势。
2. 为了身体的回转，选择将大腿横向伸展的姿势。
3. 从最基础的姿势开始滑行，最后恢复到基础的姿势。

## 选择适合不同滑雪方法的姿势

无论什么样的体育运动，都有基本的姿势。在众多姿势中，共通的就是踝关节、膝关节和髋关节可以适度地弯曲。这样无论是面对哪个方向，都可以自由移动，我们把它称为"中立位置"。

在滑雪中，采用不同的滑行方法时，关节的弯曲状况也有所不同。若采用重视平衡的姿势，关节弯曲的程度会减少。若采用重视回转的姿势，关节的弯曲程度就会增加。正是采取了对应的姿势，因此才能更加有效地推动滑雪板。

**要点 1**

为了控制自己的动作，可以选择双腿微屈的姿势。

双腿微屈的姿势更容易向身体正下方施力。因此，可以说是最稳定的站立姿势。但是由于大腿无法大幅度运动，在进行大回转时，身体容易失去平衡。

**要点 2**

为了身体的回转，选择将大腿横向伸展的姿势。

关节深度弯曲的姿势容易将大腿向两侧伸展，而且容易用力，因此是适合大回转的姿势。这种姿势也可以保证身体前后的平衡，滑行的速度也很快，但是身体上下运动的协调性会因此变得稍稍迟钝。

**要点 3**

从最基础的姿势开始滑行，最后恢复到基础的姿势。

在转弯时的左右方向、急速滑行时的前后方向以及雪面上凹凸不平之中，身体容易失去平衡。因此，对于以上情况，要采取适当的姿势保持稳定。随着转弯的结束，身体也应该恢复到上面介绍的基础姿势。

**无法完美达成之时**
**看看这里**

保持踝关节、膝关节和髋关节以同样的角度进行弯曲是最基本的方法。如果角度错位的话，不容易掌握平衡。

**一起来检查!**

☐ 是否摆好了身体可以前后左右移动的姿势。
☐ 踝关节、膝关节和髋关节是否保持适度弯曲。
☐ 是否能够做出与姿势相符合的动作。
☐ 完成转弯之后，是否可以恢复到基础姿势。

# 掌握在转弯中不断变化的姿势

## 在转弯的关键处需要变化的姿势

虽然站在滑雪板的平衡位置，但也不一定能保证平稳地滑行。因为在切换动作和转弯的不同阶段，会受到前进方向和坡度等条件的影响，所以姿势也会产生相应的变化。从另一个角度来考虑的话，即使可以保持一种平稳的姿势，如果用力过猛，也会导致身体失去平衡。

所以最重要的就是，根据滑雪动作和滑雪板前进方向的变化随时调整滑雪姿势。因此，一定要了解和掌握每种技巧的主要动作。如果能够抓住动作的感觉，就更容易掌握正确的姿势了。

用直立的姿势进行动作的切换。

▼

保持正直站立姿势,同时将腿移向外侧,开始重视平衡的转弯动作。

▼

身体向山下板倾斜,逐渐恢复成原先身体直立的姿势。

在这种姿势中,转弯前半程通过大面积地切入雪面来控制平衡是非常重要的。因为是滑雪板的板尾切入了雪面,所以为了能让板尾灵活移动,需要将身体的重量尽量放在滑雪板前端。

用屈膝的姿势进行动作的切换。

▼

尽量保持双脚长时间滑雪的动作。当双脚移动到转弯道外侧后,开始重视回转的转弯动作。

▼

上半身不动,双腿保持弯曲的姿势向山下板方向移动。

在这种姿势中,利用推动滑雪板的动作,让身体和滑雪板大幅度偏离。在转弯前半程,需要身体更加前倾,后半程把重心压在脚跟,给板尾施加更大的压力。

**无法完美达成之时**
**看看这里**

下半身移动会导致滑雪姿势的变化,但是上半身不能随意运动。

**一起来检查!**

☐ 在所有转弯的关键处,是否采取了适当的站立姿势。

☐ 姿势是否过于僵硬。

☐ 是否熟练地掌握了腿部的动作。

# 立刃就是把重心压在滑雪刃上

## 立刃的必要性

滑雪刃的最大作用之一，就是可以切入雪面。有效地利用滑雪刃的方法就是立刃。如果没有滑雪刃的话，即使是站立在雪面上，滑雪板也会立刻顺坡下滑。

说到立刃，它是立起滑雪刃和移动身体重心的混合体。仅仅立起滑雪刃，不移动重心，或只是移动身体重心而没有立起滑雪刃都无法完成该立刃。这两个动作联系紧密。

在这里，我们要把要领04、要领05的动作连接起来，好好学习和掌握立刃的方法。

主要是利用踝关节和膝关节练习立刃的动作。在重视平衡的小回转中, 经常会用到这一技巧。

主要利用踝关节和膝关节、髋关节练习立刃的动作。在重视平衡的大回转中, 也经常会用到这一技巧。

倾斜全身, 练习立刃的动作。在重视回转的滑行动作中, 经常会用到这一技巧。

为了立起滑雪刃, 需要运动的身体部位有踝关节、膝关节、髋关节等。从主要工作的身体部位开始, 到下半身的关节基本全部都要被用到。并不是仅仅倾斜身体就能达到立刃的目的, 而是要同时使用踝关节、膝关节和髋关节。

重视平衡的小回转中的立刃。

重视平衡的大回转中的立刃。

重视回转的小回转中的立刃。

一边立起滑雪刃, 一边把重心压在滑雪刃上的状态就是立刃。立刃不是单纯地立起滑雪刃承载身体体重, 而是一边立起滑雪刃一边逐渐移动身体重心的一个连贯动作。

**无法完美达成之时 看看这里**

确认关节是否弯曲。是否仅仅是立起滑雪刃而没有。

**一起来检查!**

☐ 是否在滑行中使用了所有的关节完成了立刃。

☐ 是否可以在不同的转弯动作中使用立刃。

☐ 是否可以一边立起滑雪刃一边移动身体重心。

# 准备动作是为了使转弯动作变得更加从容

转弯后半程的最后阶段，上半身和视线要朝向要转弯的方向。

从前一个转弯的准备动作，直接进入下一个动作的切换。

视线一定要随时保持在即将滑行的方向。

做好准备动作的话，就可以轻松地进入接下来的转弯

在连续进行转弯的滑雪动作中，一个动作直接影响着下一个动作。转弯前半程的动作连接着转弯中间阶段，中间阶段的动作连接着后半程，后半程的动作又连接着下一个转弯的前半程。

准备动作的时机是在进入下一个转弯之前，有时也称为"动作的切换"，实际上就是前一个转弯后半程中接近结尾的部分。在这个部分，要把视线和上半身的朝向面对接下来滑行的方向。这就是准备动作的基本要素。这一动作极易失去平衡，甚至会导致动作连续失败，所以大家需要高度重视。

**要点**

❶ 预先做好准备动作。
❷ 使动作变得更加从容。
❸ 准备动作过大时，就会变成主要动作。

要点 **1** 预先做好准备动作。

在这张图片中，针对滑雪板的朝向，视线和两指的方向开始指向下方。这就是准备动作的状态。准备动作就是要为下一个动作做好铺垫。

要点 **2** 使动作变得更加从容。

如果身体和滑雪板的朝向一致，滑雪板偏离身体的动作就难以实现。因此，当把视线和身体朝向弯道内侧时，身体和滑雪板的朝向就发生了改变，滑雪板也就因此变得容易与身体发生偏离。使主要动作变得更加从容，这就是准备动作的好处。

要点 **3** 准备动作过大时，就会变成主要动作。

NG

在准备动作中出现失误最多的就是在弯道外侧手臂抬得过高的情况下就直接进行转弯。而且视线没有集中在下降线上，只看斜面正下方。如果这样做直接导致的后果就是身体无法偏离滑雪板，或是在偏离的瞬间失去平衡。

**无法完美达成之时 看看这里**

按照要点1的方法，进行不用雪杖的滑行练习。注意控制视线和身体的朝向。

**一起来检查!**

☐ 上半身开始做动作时，身体是否倾斜过度。
☐ 视线是否注视过远的地点。
☐ 是否可以做到滑雪板偏离身体。

# 雪杖应该放在不影响滑雪的位置

**要点**

1. 在转弯后半程开始准备使用雪杖。
2. 切换滑雪刃之后开始使用雪杖。
3. 在切换滑雪刃之前使用雪杖的话，会妨碍滑行动作。

## 使用雪杖有助于掌握时机，并且利于保持身体平衡

令人意想不到的是，很多人对于使用雪杖不够重视。使用雪杖除了可以辅助转弯动作之外，还可以通过点杖来保持身体平衡。

雪杖的作用就是保持运动节奏和控制身体平衡，其中最重要的就是保持节奏。如果在滑行中一直保持稳定的动作节奏的话，即使平衡出现一些问题，也可以完成转弯动作。需要注意的是，在切换滑雪刃之前不要使用雪杖。一旦使用，就会妨碍到身体的滑行动作。

**要点 1**

在转弯后半程开始准备使用雪杖。

与其明确指定拿起雪杖的地点以及点杖的地点，不如在滑行中慢慢连续点杖。开始使用雪杖的最好时机在转弯的后半程。在这一过程中，做好点杖准备的话，容易抓住切换动作的时机。

**要点 2**

切换滑雪刃之后开始使用雪杖。

为了切换滑雪刃，靠近山侧的身体有必要移动到谷侧。但是如果在移动身体之前点杖的话，身体就不容易移动到谷侧。因此，身体移动到谷侧之后再使用雪杖是关键所在。

**要点 3**

在切换滑雪刃之前使用雪杖的话，会妨碍滑行动作。

如照片所示，在切换滑雪刃之前使用雪杖的情况很多。结果就是身体被雪杖妨碍，在接下来的转弯中变得无法移动，导致无法顺利地完成切换动作。

**无法完美达成之时**
**看看这里**

确认点杖的节奏是否过快。摆好姿势保持一定的节奏。

**一起来检查！**

☐ 是否在转弯后半程慢慢地开始点杖。

☐ 雪杖是否阻碍了滑雪刃的切换动作。

# 滑雪头盔的普及

近年来，在滑雪场看到戴着滑雪头盔的人是越来越多了。

在欧美，滑雪头盔的普及率据说超过了80%。看似好像很沉重，但实际戴过头盔的人们常有这样的感想"只要戴过了一次，就戴不了原来的针织帽子了"。那么，头盔到底有什么样的优点？我们采访了滑雪学校里正在练习的普通滑雪爱好者。

### 第一位　放心、安全

滑雪爱好者
的主要呼声

"因为看到过摔倒之后失去意识的朋友，所以从安全角度考虑，还是选择了戴头盔。"（60岁男性）

"因为周围戴的人很多。虽然曾经摔倒过，但托戴头盔的福，没有受伤。"（40岁女性）

### 第二位　保暖性

滑雪爱好者
的主要呼声

"即使在很冷的日子里，也很暖和。只要戴上头盔、防风镜和保暖围脖，那就完美无缺了。"（30岁女性）

"耳朵曾经冻伤过，所以一直寻找可以保护耳朵的东西。戴上头盔的话就完全可以预防冻伤了。"（50岁男性）

### 第三位　时尚元素

滑雪爱好者
的主要呼声

"不喜欢和别人一样的打扮。而且由于头盔的款式丰富，所以买了和滑雪服相配的头盔。"（60岁女性）

"在滑雪场，戴针织帽子的人变得越来越少。如果不戴头盔的话，就会感觉落后于时代。"（40岁男性）

# 第 2 章

## 掌握大回转的动作

# 改变身体和滑雪板的朝向，利用摩擦滑行

身体向滑雪板的外侧扭转，进行动作切换。

把滑雪板的板尾向外侧大幅度移动。

一边适度地利用摩擦，一边让滑雪板转弯。

身体越是转向外侧，摩擦力就会越大

越是把滑雪板和身体朝向同一个方向，滑雪刃越容易深入雪面。相反，滑雪板和身体朝向发生变化时，滑雪刃就会变得不易深入雪面，发生的摩擦会起到一定的阻碍作用。

在重视平衡的大回转中，使用适度摩擦的滑行方式也是非常重要的。因此，改变滑雪板和身体朝向以及使板尾大幅度偏离身体的方法就成了动作的重点。但是请不要把腰部转向滑雪板的内侧，也不能过度弯曲双腿。

## 要点

1 身体大幅度转向弯道外侧。
2 大幅度移动板尾进入转弯。

身体大幅度转向弯道外侧。

大幅度移动板尾进入转弯。

用手指指向滑雪板外侧，进入转弯。

大幅度移动板尾，使身体和滑雪板的朝向发生变化。

在转弯后半程，滑雪板和身体朝向会重合在一起，准备进入下一个转弯。

在进入转弯之前，将板尾大幅度抬高。

抬起板尾一侧，以板头为支点转动板尾，将滑雪板移向身体外侧。

滑雪板一接触到雪面，会发生大幅度的摩擦，随即开始进入转弯。

身体转向外侧的大概标准是，身体正面的位置朝向外板板头的位置。身体所处的这一位置不容易失去平衡，可以最大限度地移动板尾。比这一位置更靠近外侧的话，会导致臀部进入转弯内侧，很容易失去平衡。

这是练习移动板尾的最佳方法。抬起外侧滑雪板时的姿势在实际的切换动作之中起着非常重要的作用。而且抬起的滑雪板不能马上放下，在保留一段滞空时间后放下才是最理想的动作。

**无法完美达成之时**
**看看这里**

试着将身体的朝向和移动板尾的动作分开进行练习。

**一起来检查!**

☐ 身体的正面是否朝向外侧滑雪板的板头。
☐ 是否可以把板尾大幅度向外侧移动。
☐ 是否可以轻松地移动板尾。

# 在斜面上垂直站立，让身体处于滑雪板中间

## 恢复到中立姿势

从容易掌握平衡的姿势开始进入转弯，最后再恢复到原来的姿势。这一系列动作的连贯性非常重要。

为此，我们将在这里介绍容易掌握平衡姿势的几个要点。

首先，要把身体重心放在两个滑雪板中间的位置。实际上，可以明确地感觉到重心位置的人是很少的。所以，把肚脐的位置作为重心的标准比较通俗易懂。然后做将双腿伸直也非常重要。把肚脐的位置和两腿的动作这两个要点加以强化的话，就更容易掌握身体平衡的滑雪姿势了。

利用可以向前后左右移动的姿势进入转弯。

不拿雪杖,把两手放在两腿的大腿根进行滑行。

即使在切换动作时,也不要让双手离开双腿。

保持这个固定的姿势进入转弯。

通过将双手放在大腿根的动作,可以抓住重心位于滑雪板之间的感觉。在转弯过程中,重心会发生前后移动。在切换动作当中,将移位的重心恢复到脚掌附近的动作也是至关重要的。

采取两腿伸直的姿势。

拿起一支雪杖进行滑行。靠近弯道外侧的手臂紧握雪杖。

在切换动作时,把雪杖放在身体正前方。

双手尽量长时间紧握雪杖。

这是练习双腿伸直的方法。由于采用在肚脐正面握雪杖的方法,更容易掌握正确的姿势。这时,上半身要保持稳定,按照要领04、要领05介绍的那样,压着斜面滑行的话,可以更好地掌握动作的稳定性。

## 无法完美达成之时 看看这里

在平缓的斜面,静止的状态下,确认重心的位置之后进行滑行。

## 一起来检查!

☐ 是否能够让肚脐的位置一直处于滑雪板之间。

☐ 在切换动作中,双腿是否能够伸直。

☐ 是否能够感受到身体的稳定性。

# 把重心置于山侧的脚，完成转弯

做好中立站姿，准备进入转弯。

▽

滑雪板偏离身体，进入转弯。

▽

把重心置于滑雪板外侧，完成转弯。

学会将重心置于山侧脚的姿势

重视平衡的滑行，实际上就是利用摩擦掌控速度的滑行。为此，身体的朝向和倾斜角度都要符合摩擦力的大小。这是因为，转弯时身体的正面朝向弯道外侧，身体的重心也向弯道外侧倾斜。

虽说如此，但是这个姿势并不是自己故意做出来的，而是由于受到摩擦力影响，自然形成的动作。如果刻意去做这个动作的话，身体不容易保持平衡。

首先不必考虑怎样做好这个姿势，练习好如何把重心放在外侧滑雪板更为重要。

---

**要点**

❶ 把重心放在外侧脚。
❷ 变成了适用于外侧脚的滑雪姿势。
❸ 重心不放在外侧时，滑雪板不易产生摩擦。

**要点 1**

把重心放在外侧脚。

用上半身的力量将滑雪板推向外侧的话，更容易将身体重心压在外侧脚上。但是重要的是，双腿移动后上半身也会随之移动。如果先移动上半身，重心就不容易压在滑雪板上。

**要点 2**

变成了适用于外侧脚的滑雪姿势。

将外板偏离身体，在转弯后半程用上半身的力量给滑雪板加压的话，就会形成图中所示的姿势。在要领11中曾经介绍过，因为滑雪板和身体朝向不同，容易产生更大的摩擦，有利于身体借助摩擦力滑行。

**要点 3**

重心不放在外侧时，滑雪板不易产生摩擦。

经常出现的失误是，在想转动滑雪板的时候，上半身和滑雪板都朝向了同一个方向。这样的最终结果就是体重压在了滑雪板的内侧，滑雪刃嵌入雪面，摩擦力减少，身体失去平衡。

---

**无法完美达成之时**
**看看这里**

通过犁式转弯等比较容易控制的滑行方法，掌握把滑雪板压向弯道外侧的感觉。

**一起来检查!**

☐ 是否按照由腿到胸部的动作顺序进行移动。

☐ 是否感受到摩擦力。

☐ 是否做出了令人满意的滑行动作。

☐ 是否能够保持稳定的速度。

# 上半身放松,腰部用力

## 把全身重量压在滑雪板上滑行

在一边保持着平衡,一边进行大幅度回转的过程中,如何巧妙地把上半身的重量压在滑雪板上变得非常重要。如果上半身过于紧张,或是和下半身不能很好配合的话,上半身的重量就不能很好地压在滑雪板上。

为了将上半身的重量完全压在滑雪板上,可以模仿挺直后背落地的动作,要用腰部承载上半身的重量。如果抓住了这种感觉,就可以自如地把全身的重量都压向滑雪板。

用内侧的手指，指向目标方向，外侧的手掌放在腰部。

即使滑雪板开始进入转弯，指尖也要继续指向接下来运动的方向。

假设用外侧的肘部压向外侧滑雪板的话，上半身更容易保持平衡。

明确指出自己前进的方向是动作的要点。前进方向不明确的话，上半身的朝向也不会稳定。所以通过用手指指出的前进方法，无疑会促进上半身的稳定性。

把雪杖平放在两只手腕上，进行滑行。

视线一边注视前进的方向，一边注意雪杖不要脱落。

双手平端的雪杖始终要保持与斜面平行。

把上半身的体重稳稳地放在腰部进行滑行的话，首先需要臂部保持稳定。像图中所示的练习，双手端起雪杖练习的话，会培养手臂的稳定性。但是，一定要注意后背不要过度用力。

## 无法完美达成之时
### 看看这里

如果上半身比下半身先动时，无法完成转弯动作。

## 一起来检查!

☐ 视线、胸部的朝向是否指向了自己要去的方向。

☐ 手腕是否能够保持平稳。

☐ 上半身是否用力过度。

# 重视平衡的大回转中经常出现的失误及其应对策略

## 失误的原因多种多样

无法充分地利用摩擦的话，就不能很好地控制滑行。因此，面对陡峭的斜面和复杂的雪质等多样性的环境，就会变得无所适从。

经常出现的失误有：①在切换中双腿无法伸直；②身体向转弯内侧倾斜；③不能把滑雪板向弯道的外侧推动等。

在介绍重视平衡的大回转的最后章节里，我们会为大家介绍一些相应的对策和方法。

**要点 1**

双腿不能伸直时,需要双腿用力交换蹬踏。

从前一个转弯的后半程开始,重心不能迅速回到滑雪板的正中的话,双腿不容易伸直。像这种情况,在切换中需要一次双腿交换蹬踏。这样可以使双腿伸直,重心也会立即回到滑雪板的正中位置。

**要点 2**

身体向内侧倾斜时,在外侧点杖。

从上半身开始进入转弯的话,身体容易向转弯的内侧倾斜。在这种情况下,通常要在下一个转弯内侧使用的点杖动作,改在本次的转弯外侧使用。这样可以有效地防止身体向转弯内侧倾斜。

**要点 3**

滑雪刃过多地切入雪面时,在转弯内侧使用两根雪杖点杖。

重心放在脚尖以及脚跟的话,滑雪刃无法露出雪面,滑雪板不能向外侧推动。这时可以将两个雪杖点向转弯内侧。这样做可以使滑雪刃露出雪面,移动的方向也可以自由掌控。

---

**无法完美达成之时**
**看看这里**

当不能理解某些技巧时,可以尝试通过各种不同的方法进行练习。

**一起来检查!**

☐ 不能只模仿别人的动作,而是要抓住动作的感觉。

☐ 不仅需要理解动作的感觉,在平时的滑行练习中也需要获得同样的感觉。

# 将身体和滑雪板保持同一方向，利用滑雪刃滑行

切换动作时，身体朝向比滑雪板稍稍偏向转弯内侧。

因为滑雪板偏离身体，所以要利用全身的力量压向滑雪板。

结果就是摩擦力减小，可以完成一个大弧度回转。

重视回转的方法，就是可以控制减速的滑行方法

在重视回转的滑行方法中，用全身的重量压住滑雪板后，滑雪板发生弯曲，此时可以进行转弯。而最终的结果就是，作为减速要素的摩擦力会明显减小。

在这种滑行中最关键的就是，要采取容易控制滑雪板的身体朝向，并且要把滑雪板整体推向外侧。

身体的朝向要尽量和滑雪板的前进方向保持一致。此外，通过将滑雪板整体推向外侧，可以加大转弯弧度。

**要点**

❶ 身体要朝向前进方向。

❷ 把滑雪板整体推到外侧进行滑行。

用外侧的手指指向前进方向，把内侧的手掌放在腰部。

要向着手指的方向前进，而不是按照滑雪板的方向前进。

手指的方向发生改变的话，身体的朝向也很容易随之改变。

将两根雪杖抬起滑行。在切换动作时，把内侧雪杖放下，松开滑雪刃。

利用全身的力量，使滑雪板偏离身体。

在下降线附近的位置，滑雪板会大幅度偏离身体。

做到对准前进方向的标准就是，要把肚脐朝向内侧滑雪板的板头。在切换动作时，身体更要朝向弯道内侧，在滑过下降线附近后，会变得和滑雪板的方向一致。需要注意的是，身体不要向滑雪板内侧过度倾斜。

让滑雪板整体偏离身体，在切换中一定要准确松开滑雪刃，并且脚掌要压住滑雪板。在这个练习中，可以学习通过移动重心松开滑雪刃，并且将滑雪板推向外侧的方法。

## 无法完美达成之时 **看看这里**

如果感受不到摩擦力减小，可以利用斜面滑降到登坡的这个过程进行练习。

## 一起来检查!

☐ 身体的朝向是否面对着前进方向。
☐ 在切换中是否能够松开滑雪刃。
☐ 是否能完成摩擦力减小的转弯动作。
☐ 是否能让滑雪板达到弯曲状态。

# 把重心移到谷侧, 切换滑雪刃

**要点**

① 把肚脐的朝向移向谷侧。
② 一边把滑雪板移到外侧, 一边移动重心。
③ 不能只保持上半身倾斜。

## 松开滑雪刃就是进入转弯的开端

滑雪板明显弯曲的话, 滑雪刃就会牢固地切入雪面, 这会导致滑雪刃的切换动作难度会加大。

确保滑雪刃正常切换的非常重要的一点就是重心的移动。随着身体重心移到谷侧, 深入雪面的滑雪刃会比较容易离开雪面, 这样就可以马上切换动作。

这里的关键也是肚脐的位置。把肚脐移向谷侧滑雪板的话, 重心就会发生移动, 这时滑雪刃就可以进行切换了。

首先要抓住灵活切换滑雪刃的感觉。

把肚脐的方向移向谷侧。

把肚脐的位置移到谷侧滑雪板的正上方，使谷侧滑雪板保持平缓状态。因为滑雪板保持这种状态的话，可以很容易地进入下一个转弯。这时，压在雪面上的力量不要马上放开，要一边压着雪面一边滑行。

一边把滑雪板移到外侧，一边移动重心。

不应该考虑是先移动双腿还是先移动重心，能够同时移动大腿和重心才是最理想的状态。一边压着雪面一边移动肚脐朝向的话，就可以马上从滑雪板的平缓状态进入滑雪刃的切换。这样的话，就可以顺利地进入下一个转弯。

不能只保持上半身倾斜。

如果从头部、肩部开始进行重心移动，最后到腿部开始移动的话，是非常缓慢的过程。这样不仅会耽搁时间，而且会导致滑雪刃不能彻底松开。如果双肩的平面明显倾斜的话，说明上半身过于倾斜，重心的移动发生了延迟。

**NG**

**无法完美达成之时**
**看看这里**

确认是否从上半身开始运动。如果在转弯前半程下半身不能保持正确动作，说明需要进行下半身动作的练习。

**一起来检查!**

□ 是否将肚脐移向谷侧滑雪板正上方的位置。

□ 是否一边紧压雪面，一边完成重心移动。

□ 双肩的平面是否过度倾斜。

# 使用全身的力量，给滑雪板施加压力

**要点**

❶ 在切换中不能松开滑雪刃。
❷ 脚掌整体要压住雪面。

## 保持压向雪面的力

在重视平衡滑行中切换滑雪板时需要使用抬起大腿后动作来缓冲力量。但是在重视回转的动作中，滑雪板反而大幅度地进行左右移动。因此，如果使用缓冲力量的动作，身体的移动就会出现迟缓。

在这里最关键的就是用力的方法和缓冲力的方法。用力的时候需要全身同时用力，缓冲的时候需要将身体慢慢靠近滑雪板。为此，我们把用力的要点以及靠近滑雪板的缓冲动作要领放在下一页的要领19中加以详细介绍。

将双手放在大腿上滑行。

即使切换动作也不能将双手拿开,而且要尽量收紧腹部。

可以保持收紧腹部的姿势开始转弯。

双臂伸开,双手扶着人或椅子。

一边把肚脐位置移向右侧,一边把脚掌完全踩在地面上。

弯曲上半身,掌握好平衡。注意上半身不要过于倾斜。

以上就是上半身用力的同时进行动作切换的练习。如果放在大腿上的双手过于用力的话,滑雪刃容易松开。因此手腕放松,腹部收紧,就可以完成转弯的动作。重心过于倾向于板头的话,板尾就会翘起,这一点需要注意。

脚掌完全踩在地面上的话,身体容易发生倾斜。此时为了掌握好平衡,需要依靠位于身体两侧的人或物体来进行支撑。如果能将别人晃动的话,说明身体向内侧倾斜过度。因此,需要一边踩着地板,一边弯曲上半身进行轻微前倾,用来掌握平衡。

**无法完美达成之时**
**看看这里**

如果在家里一个人练习时,可以用手扶墙壁的方法来练习。

**一起来检查!**

☐ 在切换动作时,腹部是否收紧,双腿是否伸得过直。

☐ 脚掌踩在地板上时,身体是否靠在别人身上或椅子上。

# 在转弯后半程，感受来自雪面的阻力

全身给滑雪板施加压力进行转弯。

转弯结束后，因为力量放松，腿部会出现弯曲。

在转弯后半程中，力量会出现暂时性的减小。但是在下一个转弯中，全身要再次用力。

不暂时放松的话，无法再次用力

使用全身的体重给滑雪板施加力量的话，会使滑雪板弯曲变形。在转弯的前半程，偏离身体的滑雪板一度弯曲，但在后半程会自然地回到身体附近的位置。在这时，如果一直保持向滑雪板施压，来自雪面的反作用力就会使身体倒向转弯内侧。因此，这时所需要做的动作就是要减小来自雪面的反作用力。为此，当我们感受到反作用力的话，就要立刻屈腿做出缓冲动作。如果在每次转弯的动作中，腿部的动作都可以达到伸缩自如的话，就可以连贯地完成连续转弯动作了。

**要点**

❶ 感受来自雪面的反作用力。
❷ 慢慢放松伸直的双腿。

50

双脚呈内八字滑行。在转弯的前半程，双腿伸直向滑雪板施加力量。

到转弯的后半程，会出现来自雪面的反作用力。

不要抵抗反作用力，可以伸直双腿，慢慢减小力量。

为了掌握动作的要领，首先要放慢滑行的速度。在犁式转弯的前半程，伸直外侧腿的话，在转弯后半程就会感受到强大的反作用力。因此，可以从受力的外侧大腿根开始放松，逐渐缓解反作用力。

滑过下降线后，用两手抓住内侧大腿的滑雪裤。

于是偏离滑雪板的上半身就会靠向滑雪板。

最终结果就是外侧大腿力量的减小，双腿变成适度的弯曲状态。

为了减小双腿伸直的力量，身体要靠近滑雪板。这就是在要领17中介绍过的，把重心移向谷侧动作的开始。这个练习是为了抓住动作要领，强制性地将身体靠近滑雪板。

### 无法完美达成之时
## 看看这里

外侧大腿根伸直的话，双腿无法弯曲。注意大腿根不要完全伸直。

### 一起来检查！

☐ 是否感受到来自雪面的反作用力。
☐ 是否顺利地将身体靠近了滑雪板。
☐ 是否感受到滑雪板恢复形状，以及滑雪板向前滑行的感觉。

# 重视回转的大回转中经常出现的失误及其应对策略

**要点**
1. 外侧大腿不能施加压力时，双肩要平行。
2. 缓解上半身力量时，膝关节要弯曲。
3. 外侧大腿不能离开身体时，内侧腿需要弯曲。

## 失误的原因多种多样

在重视回转的滑行方法中，如果转弯的弧度变大，滑行的速度也会加快。因此，一旦做出多余、突发的动作，就会瞬间失去平衡。

经常出现的失误包括：①身体向内侧倾斜，无法给滑雪板施加压力；②在切换动作或转弯的后半程，上半身力量放松，动作出现迟缓，滑雪刃无法切入雪面；③内侧的大腿阻碍滑雪板偏离身体。

在这里，我们会为大家介绍一些相应的对策和方法。

外侧大腿不能施加压力时，双肩要平行。

双手握雪杖，放在滑雪板中间，记住要拖着雪杖滑行。因为将重心放在滑雪板中间滑行的话，肩膀的平面容易和雪面保持平行，这也是防止身体过于向滑雪板内侧倾斜的方法。对于向内侧过度倾斜的滑雪者，这是我们极力推荐的练习方法。

缓解上半身力量时，膝关节要弯曲。

将一根雪杖持平，放在膝盖后面。双手紧握住放在膝盖后面的雪杖进行滑行。虽然这个滑行姿势非常不舒服，如果使用这种姿势都可以进行动作切换的话，可以感受到滑雪板切入雪面的感觉。

外侧大腿不能离开身体时，内侧腿需要弯曲。

把双手放在大腿根处滑行。从转弯的前段到中段时，慢慢将内侧腿弯曲，夹住手指。如果内侧腿可以顺利弯曲，外侧的滑雪板就会很顺利地偏离身体，就可以顺利完成大回转的动作。

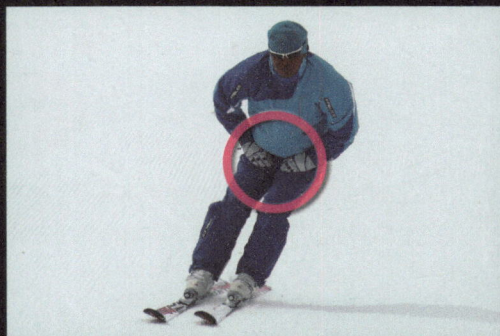

## 无法完美达成之时
## 看看这里

当不能理解某些技巧时，可以尝试通过各种不同的方法进行练习。

### 一起来检查!

☐ 不能仅仅模仿别人的动作，而是抓住动作的感觉。

☐ 不仅需要理解动作的感觉，在平时的滑行练习中，也需要获得同样的感觉。

# 滑雪学校

我们加盟的公益社团法人——日本职业滑雪教练协会（简称SIA），大约拥有130所滑雪学校。报名参加滑雪学校的学员并不仅有入门级别的学员，还有和教练的水平不相上下的优秀学员。

那么为什么他们要来滑雪学校呢？来学校学习会有什么好处呢？我们不妨听听普通滑雪爱好者的心声吧。

### 第一位　持续的进步

滑雪爱好者
的主要呼声

"教练不但知道学员的滑行方式，就连学员的性格也是了如指掌。这样的话，可以给我们很多准确的建议。"（30岁女性）

"在集训制的滑雪学校里，掌握滑雪技术之前，教练会反复教给我们技术动作。"（50岁男性）

### 第二位　带有压力的学习

滑雪爱好者
的主要呼声

"在自由滑雪中，可以让我挑战一下绝对不去滑的坡面或新雪。"（60岁女性）

"学习新的滑雪技术，学习不用雪杖的滑行方法等，每次都会有不少新的收获。"（50岁女性）

### 第三位　朋友的相遇及重逢

滑雪爱好者
的主要呼声

"因为同等水平的滑雪爱好者组成一个班级，大家都会有同样的烦恼，可以一起寻找解决方法。"（70岁男性）

"和学校中认识的女孩一直保持交往，现在成了我的太太。"（40岁男性）

# 第3章

## 掌握自由自在的小回转

# 将滑雪板的板尾推向身体外侧，进行转弯

在转弯前半程，把身体和板尾推向弯道外侧。

利用板尾切入雪面的动作，可以实现一边控制平衡一边转弯。

在转弯的后半程，将身体恢复原位，准备下一个转弯。

不要晃动板尾，全身和滑雪板一起左右移动

说到移动滑雪板的板尾，脑海中马上就会浮现出把板尾左右摇晃的情景。但是，这样做的话无法将力量传递到雪面，所以无法控制滑行的速度。移动板尾的目的就是要实现一边切入雪面一边转弯的动作，因此板尾也需要一边承载体重，一边偏离身体。为了实现这一目的，并不是在滑行时晃动板尾，而是应该把身体和滑雪板一起向左右两侧摆动。做好以上动作，就可以实现对滑行速度的控制。

**要点**

❶ 掌握向弯道外侧运动的感觉。

❷ 将体重压在滑雪板的板头，推动板尾。

<table>
<tr>
<td>

**要点 1**

掌握向弯道外侧运动的感觉。

</td>
<td>

**要点 2**

将体重压在滑雪板的板头，推动板尾。

</td>
</tr>
</table>

在切换动作时，要向弯道外侧踏两三步。

掌握把滑雪板推向弯道外侧的感觉。

如果可以顺利完成上述的动作，板尾就可以大幅度移动完成转弯。

使用雪杖用力点板头外侧。

按照点杖的方向，移动身体。

最终结果就是身体和板尾移向弯道外侧。

在使用板尾切入雪面时，有必要将全身移向弯道外侧。在这个练习中，通过面向弯道外侧踏步的动作，可以抓住移动身体方向的感觉。此外，出现板头朝下的情况是因为板头没有朝向弯道外侧。

在这个练习中，通过雪杖在弯道外侧点杖，可以掌握板尾移向弯道外侧时重心的位置。如果熟练地找到这个位置的话，可以更加轻松地将身体和板尾移向弯道外侧。

---

**无法完美达成之时**
**看看这里**

移动板尾意识过于强烈的话，身体就会过于紧张，出现动作僵化现象。应该将身体和滑雪板同时移动。

**一起来检查!**

☐ 身体是否可以移向弯道外侧。
☐ 重心是否处于容易移动板尾的位置。
☐ 板尾是否能削切雪面。

# 牢记转弯前半程切入雪面的感觉

## 牢记切入雪面的感觉

虽然切入雪面的动作是非常重要的，但是这个动作并不好掌握也是客观事实。因为滑雪板是一边摩擦雪面一边前进的，比起切入雪面的感觉，大家更注重保持身体的平衡。

在这里我们有必要讲述一下切入雪面的感觉。首先，我们从切入雪面的是一种什么样的动作开始学起。

然后学习脚掌用力的部位以及身体的朝向等，希望大家能够把这些动作融入实际的滑雪训练当中。

开始练习斜向滑行的时候,可以从停止的状态开始练习。

▼

向谷侧滑雪板施压的话,滑雪板会向下移动,同时产生摩擦力。

▼

这种依靠摩擦力下滑的感觉,会发展成为切入雪面的动作。

双脚呈内八字,在斜面上按照"之"字路线滑行。

▼

将重心压在山下板的外侧。

▼

这样的话,容易感受到用滑雪板整体切入雪面的感觉。

切入雪面的动作要从滑雪板的中心开始,逐渐过渡到板尾。为了更加容易地移动板尾,要将重心更多地放在脚尖。但是不能完全置于脚尖,因为这样会导致板尾变得过轻,无法切入雪面。

切入雪面的动作主要是利用自身的体重。把体重压在弯道外侧的话,由于山下板内侧的滑雪刃承载着体重,因此,可以轻松地切入雪面。如果体重向正下方施压的话,滑雪板不会滑动,也发挥不了切入雪面的作用。

## 无法完美达成之时
## 看看这里

感受滑雪板切入雪面的状态是非常重要的。可以从静止的状态开始练习。

### 一起来检查!

□ 是否感受到切入雪面。
□ 是否掌握切入雪面时的站立位置和用力方法。
□ 是否感受到摩擦带来的阻力。

# 在转弯后半程不要减速，继续移动外板

**要点**

① 连续移动外板。
② 为了加速下滑，不要立刃。
③ 用身体放松的姿势滑行。

## 移动滑雪板，加速下滑

在转弯的后半程，需要控制速度并准备进入下一个转弯。因此需要注意的就是，不要停止降滑，继续移动滑雪板。

为了继续下滑，要避免立刃。在转弯前半程，速度控制不充分的话，转弯后半程就会出现迅速刹车的情况，最终会导致出现急速立刃。为了避免这种情况的发生，转弯前半程的滑行动作要特别小心。此外，所谓连续移动滑雪板，指的是连续移动板尾的动作。

## 要点 1
### 连续移动外板。

外板停止移动的话，滑雪刃会深入雪面，身体动作会变得迟缓。移动外板的动作和转弯后半程中板头朝向山侧的动作相似。

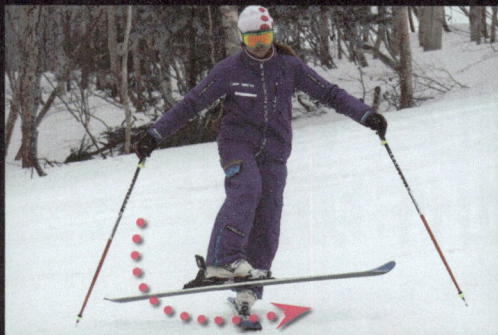

## 要点 2
### 为了加速下滑，不要立刃。

阻碍下滑的立刃动作会导致雪雾向滑板的正下方飞溅。如果能像照片上的情景一样继续移动外板，雪雾会沿着滑雪板的轨迹飞溅。此外，不要把体重一下压在滑雪板上，逐渐压上的话，有利于持续滑行。

## 要点 3
### 用身体放松的姿势滑行。

在转弯后半程中最用力的身体部位是脚趾。因此，脚趾需要适当张开，大脚趾根部要牢牢压着滑雪板进行滑行练习。这样会使其他的身体部位更加放松，滑雪板也会变得容易持续滑行。

### 无法完美达成之时
### 看看这里

如果在急停动作中体验过急速立刃的感觉的话，更容易理解立刃动作的要领。

### 一起来检查!

☐ 是否能够连续移动滑雪板。
☐ 雪雾是否能够沿着滑雪轨迹飞溅。
☐ 脚趾是否能够张开。

# 朝着下一个下降线方向，进行动作切换

要点
① 身体不能朝向正下方。
② 让视线先行，指明前进的方向。

**要点**
① 身体不能朝向正下方。
② 让视线先行，指明前进的方向。

## 面向正下方的话，板尾将不能移动

说到小回转，把身体朝向正下方滑行是大多数人所持有的印象。

但是把滑雪板推向外侧的时候，如果身体依旧面对正下方的话，不仅很容易失去平衡，不能向两侧大范围移动，还不容易控制滑行的速度。为了预防上述情况的发生，要把腰部适当地左右移动。在要领21、要领22中也曾经介绍过，适度地和滑雪板保持滑行方向的一致是非常必要的。

**身体不能朝向正下方。**

进入转弯后半程后，开始使用两根雪杖。

把雪杖在身体前方或者肚脐的正前方互相敲击。

于是身体会自然朝向下一个转弯的下降线方向。

身体（腰部、肚脐）朝向的方向，应该是下一个转弯的下降线位置。如果肚脐可以朝向这个方向的话，滑雪板容易偏离身体，可以充分地控制转弯动作的完成。

**让视线先行，指明前进的方向。**

在转弯后半程，视线要首先瞄准下一个前进的方向。

如果把视线对准一个方向，腰部、肚脐也会朝向同一个方向。

滑雪板也会很自然地进入转弯动作。

视线不能注视远方的原因主要是在转弯后半程会不由自主地向下看。眼睛向下看的话，身体也容易向斜下方倾斜。在最初的滑行阶段，一定要纠正这个错误动作。有意识地看着前进方向的话，转弯也会变得更加容易。

### 无法完美达成之时
## 看看这里

上半身带动身体前进的话，会导致在转弯后半程中滑雪板过度摆动，切换动作就会变得不易操作。

### 一起来检查!

□ 是否把肚脐、腰部对准下次前进的方向。
□ 视线是否可以正视前进的方向。
□ 是否能顺利进入转弯。

# 在切换滑雪刃的同时用力点杖

在转弯后半程，用杖尖指向前进的方向。

▼

滑雪刃切换的同时进行点杖。点杖的角度最好和雪面垂直。

▼

点杖后的手臂轻松放下，随后轻轻抬起另一侧的雪杖。

雪杖与其说是用来保持身体平衡，不如说是保持动作节奏

在重视平衡的小回转中，雪杖的使用方法变得举足轻重。雪杖最理想的动作就是：①在转弯后半程开始准备，杖头和视线对准一个方向；②切换滑雪刃的同时，对着雪面垂直点杖。更重要的就是，要用一定的节奏来点杖。如果雪杖的使用带有节奏感的话，容易完成均等的弧形转弯。一定要注意，雪杖不能阻挡滑行的路线。

**要点**

❶ 对于雪面，一定要垂直点杖。

❷ 点杖过早的话，会妨碍下滑动作。

❸ 过于用力横向点杖的话，身体就会朝向正下方。

对于雪面，一定要垂直点杖。

把雪杖对着斜面垂直点杖的话，不会阻碍双腿和上半身的运动。实际上不用特别大的力量将雪杖"刺进"雪面，只要能够支撑起自己的身体就是最理想的点杖方法。

点杖过早的话，会妨碍下滑动作。

过早使用雪杖的话，就会妨碍在下一个转弯当中的动作。这样的话，板尾无法轻松移动，点杖就会变成强制改变滑雪板方向的动作。

过于用力横向点杖的话，身体就会朝向正下方。

如果在身体侧面点杖的话，腰部就会不由自主地转向雪杖方向。因此，身体会对着斜面的正下方，无法使板尾灵活移动。如果将动作幅度控制在手臂可以抬起一个拳头大小的距离的话，就是最理想的点杖姿势。

---

**无法完美达成之时**
**看看这里**

可以在难度不大的犁式转弯当中练习有节奏的点杖动作。

**一起来检查!**

☐ 是否能够保持有节奏感的点杖动作。
☐ 点杖的位置是否阻碍了滑行动作。
☐ 是否点在侧面或过于靠前的位置上。

# 了解重视平衡和重视回转的弧度差别

重 视 回 转

重 视 平 衡

### 要点

1. 走刃转弯中的转弯动作要重视回转。
2. 在障碍物之间滑行时要重视平衡。
3. 在障碍物的边缘滑行时要重视回转。

## 重视平衡和重视回转的转弯弧度具有很大的差别

在进行大回转滑行时，无论是重视平衡，还是重视回转，滑行的轨迹都是一致的。但是在小回转滑行当中，两种方法的滑行轨迹完全不同。因为原本两种滑雪方法的身体动作就不同，我们可以用回转半径弧度作为例子来进行说明。

在重视平衡的滑雪动作当中，横向运动的幅度比较小，下落的速度比较快，所以滑行的路线接近于一条直线。重视回转的滑雪动作当中，横向运动的幅度和下落的幅度接近一致，每次转弯的弧度都接近于半圆。

## 要点 1

### 走刃转弯中的转弯动作要重视回转。

在重视回转的滑雪方法当中，由于滑雪板偏离身体比较远，所以进入转弯时的动作也比较缓慢，转弯的弧度相对比较大。这正符合了使用小回转滑雪板进行走刃转弯的动作特点。

## 要点 2

### 在障碍物之间滑行时要重视平衡。

和压雪地面相比，在障碍物之间滑行时的路线比较明确。因为那是一条幅度比较窄的滑行路线。实际滑雪之前，头脑中应有一个明确的认识和路线。

## 要点 3

### 在障碍物的边缘滑行时要重视回转。

在障碍物的边缘滑行的路线也称为"边缘转弯"，因此，转弯的左右幅度自然会加大。接下来我们要练习重视回转的滑雪动作。

### 无法完美达成之时 看看这里

作为基础知识，要分清重视平衡和重视回转这两种方法的转弯弧度的差别。

### 一起来检查!

☐ 头脑中是否能够意识到重视平衡的转弯弧度。

☐ 头脑中是否能够意识到重视回转的转弯弧度。

# 一边降低重心一边离开滑雪板

身体的正面和视线都要朝向转弯的中间地段。

向着视线和身体正面的方向，一边下落，一边将滑雪板偏离身体。

如果能够掌握下落的方向和滑雪板分离程度，你会完成一个非常漂亮的转弯动作。

**降低重心的两个好处**

将重心向谷侧降低的话，会带来两个好处。第一个是如果重心比直立时低的话，更容易用力将滑雪板推向远处。还有一个就是容易将身体的重量承载于滑雪板之上。

虽说如此，如果将自己的重心放在斜面正下方，滑雪板的板头也容易朝向正下方，不容易与身体分离。所以要和注重回转的大回转动作相同，在进行到转弯的中间地段时再降低重心。

**要点**

❶ 将重心向谷侧降低。

❷ 让滑雪板偏离身体。

开始斜向滑动。

从肚脐移动开始，带动山下板向下方迈出一步，身体的重心保持垂直于滑雪板。

将山上板拉近，继续斜向滑行。

为了让滑雪板在雪面上平行滑动，需要一边踩踏，一边进行滑雪板的切换。

滑雪板落下时，不是向着正下方，而是要对着转弯的外侧落下。

这样的动作可以保证滑雪板和身体的分离。

开始向谷侧滑行时，心中自然会产生恐惧感。因此，身体的正面可以保持面对山侧，腰部容易被滑雪板带动。通过这种斜向滑行的练习，可以在滑行中减轻恐惧心理，抓住下滑的感觉。

重视回转的动作中，重心应该放在整个脚掌上，通过对整个滑雪板的踩踏，找到重心的位置以及向外侧移动滑雪板的方法。

**无法完美达成之时**
**看看这里**

在降低重心时，由肚脐带动全身动作的话，比较容易掌握。

**一起来检查!**

☐ 是否能够感受到了重心的降低。
☐ 是否体会到了滑雪板离开身体的感觉。
☐ 是否能够将自身的重量完全承载在滑雪板上。

# 后半程让两个滑雪板移向转弯的方向

## 移动滑雪板，完成漂亮的转弯动作

在转弯的中途，身体逐渐偏离滑雪板，要积极地将滑雪板移向转弯的方向，这样可以使滑雪板带动身体完成转弯的动作。在重视回转的滑雪动作当中，要积极地移动两个滑雪板。在移动滑雪板时，不应只移动外侧板，内侧的滑雪板也应该同步移动。

最常见的错误就是，移动滑雪板时动作用力过猛，这样滑雪板会突然改变方向，好不容易切入雪面的滑雪刃会再次离开雪面。因此，移动滑雪板的动作也要循序渐进。

外板按照大脚趾方向移动。

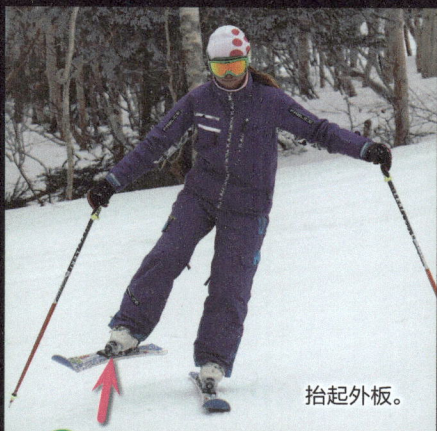

内板按照小脚趾方向移动。

抬起外板。

滑雪板向着外侧脚大脚趾方向运动。

抬起内板。

滑雪板向着内侧脚小脚趾方向运动。

在静止的状态下，进行一下动作的演习，这样可以更容易找到感觉。首先，在移动滑雪板时，重心的位置不能移动。重心要放在整个脚掌上，慢慢匀速地移动。

实际上内板的动作，幅度较小，所以有些难以理解和掌握。照片中的动作比较夸张，实际上的动作幅度更小。请注意膝关节不能弯曲得过大，如果膝关节过于弯曲，不利于滑雪刃切入雪面。

**无法完美达成之时**
**看看这里**

如果通过抬起滑雪板找到动作感觉的话，接下来我们将滑雪板贴在雪面上进行尝试。

**一起来检查!**

☐ 是否能够将外板向大脚趾方向移动。
☐ 是否能够将内板向小脚趾方向移动。

# 保持腰部的高度不变,同时进行动作的切换

**要点**

① 弯曲踝关节、膝关节、髋关节。

② 在双腿微屈的状态下进行切换。

## 以身体的左右移动为主

如果腰部的位置过高的话,不容易将滑雪板向远处移动。因此,最重要的是切换动作时的姿势。特别是习惯了重视平衡的姿势以后,切换动作时双腿容易直立。实际上需要的是将身体左右摆动,随后进行切换动作。

如果弯腰,身体的平衡会变差,体重无法承载在滑雪板上。

所以希望大家学会弯曲踝关节和膝关节这类重心比较低的动作。

这是重视平衡的基本滑雪动作。

如果是重视回转姿势动作的话，踝关节、膝关节和髋关节要更加弯曲。

**NG**

为了保持身体平衡，不能只弯曲髋关节。

如果身体的重心比较低的话，容易利用肌肉保持身体的平衡。但是在滑行当中，腿部的动作并不需要太多的力量。反而在静止状态下会感受到肌肉用力。所以首先要学会正确的姿势。

将一只雪杖放在髋关节上滑行。

切换动作时，将雪杖按在髋关节上，保持双腿微屈。

如果能用低重心的姿势进行动作的切换，滑雪板更容易偏离身体。

切换动作时要降低重心，不需要双腿直立。为了体会这种感觉，用一根雪杖压在髋关节上滑行。在切换中，由于雪杖的压迫，会使重心更加容易向前方倾斜。

**无法完美达成之时**
## 看看这里

如果在滑行时双手抱头，并且保持向下低头，容易降低重心。

**一起来检查!**

☐ 在静止状态时，双腿是否能够承担身体的重量。

☐ 在双腿保持弯曲时，是否能够进行动作的切换。

# 雪杖放在身体的侧面进行动作的切换

手腕不能向后摆，向前伸出拳头。

▼

不通过点杖，而是通过重心移动来进行动作切换。

▼

滑行时手臂尽量展开，双臂的幅度不能过大，也不能过小。

**点杖时身体不容易进行左右移动**

因为在重视回转的滑行姿势中，横向的移动比较多，所以尽量不使用点杖动作。滑行时双臂尽量展开，双拳伸向前方，保持身体的左右平衡。如果在这时点杖的话，反而会影响滑行的动作。因此，在重视回转姿势中，这简直可以说是一种严重的阻碍动作。

应该在站立时手握雪杖，手腕外翻，身体的重心放在脚跟。如果加快滑行速度的话，容易导致动作的失误，这时利用雪杖进行辅助性的点杖也是很好的一种方法。

**要点**

① 外侧的拳头向前伸出。
② 外侧的手腕不用外翻。
③ 雪杖的位置在身体两侧。

## 要点 1

**外侧的拳头向前伸出。**

由于拳头要向前伸出，因此，更加容易配合要领29中介绍的腿部动作。此外，为了让身体向下一个转弯方向前进，尽量要将身体重心放低。没有必要过于前伸，只要带有前伸的意识就可以了。

## 要点 2

**外侧的手腕不用外翻。**

因为外翻手腕，所以身体的重量都放在脚跟，身体的姿势容易过高。此外，外翻手腕时，如果手臂点杖的话，身体容易跟不上滑雪板的动作。如果一定要使用雪杖，请不要翻动手腕，在身体的两侧点杖。

## 要点 3

**雪杖的位置在身体两侧。**

双手握住雪杖时，杖尖的位置最好放在身体的两侧。如果在这个位置，利用雪杖连续的动作，可以防止身体的动作与滑雪板脱节，还可以帮助身体横向运动。

---

### 无法完美达成之时 看看这里

请注意手腕外翻和双腿直立这些错误动作。

### 一起来检查!

☐ 点杖时手腕是否外翻。
☐ 点杖的动作是否影响身体运动。
☐ 是否能够做到不使用雪杖也能够顺利地滑行。

# 在滑雪中遇到的烦恼

很多滑雪爱好者都有这样的烦恼，"为什么总是没有进步""虽然都能理解，但是动作怎么也做不漂亮"虽然说法不同，但是这些烦恼的根源非常相似。

接下来让我们介绍一下众多滑雪爱好者遇到的烦恼以及解决的方法。

## 第一位　在无压雪地面，无法坚持滑到终点

> 滑雪爱好者的主要呼声

"一开始做了一些关于动作节奏的练习，而且练习中要大声喊口号。开始会感到有些不好意思，但是不可思议的是，这样练习之后我已经能够顺利地从斜面上滑下来了。"（40岁女性）

"因为教练让我们在有障碍物的场地穿着滑雪板玩捉迷藏的游戏，所以掌握了随时可以停下的技巧。这样，在障碍物的边缘也能够顺利滑行了。"（50岁男性）

## 第二位　转弯时的动作节奏感掌握不好

> 滑雪爱好者的主要呼声

"教练告诉我转弯时应该深呼吸，慢慢掌握了呼吸的节奏，各种转弯就都可以滑得非常顺利了。"（20岁男性）

"一开始教练让我做了一些斜向滑行和突然改变方向的练习，随后直线下滑时变得非常轻松。"（50岁女性）

## 第三位　朋友的相遇及重逢

> 滑雪爱好者的主要呼声

"首先将自己想象成考官，观察其他考试选手的动作。随后考虑自己应该选择的路线以及得分的技术点。最终顺利地通过了考试。"（40岁男性）

"曾经有一段时间每周都参加考试，但是考官让我练习一年后再来。随后我找到了自己的一些薄弱点，努力练习，然后满怀信心地又去参加了考试。"（20岁女性）

# 第4章

## 攻克障碍物

# 记住观察障碍物的曲线形状

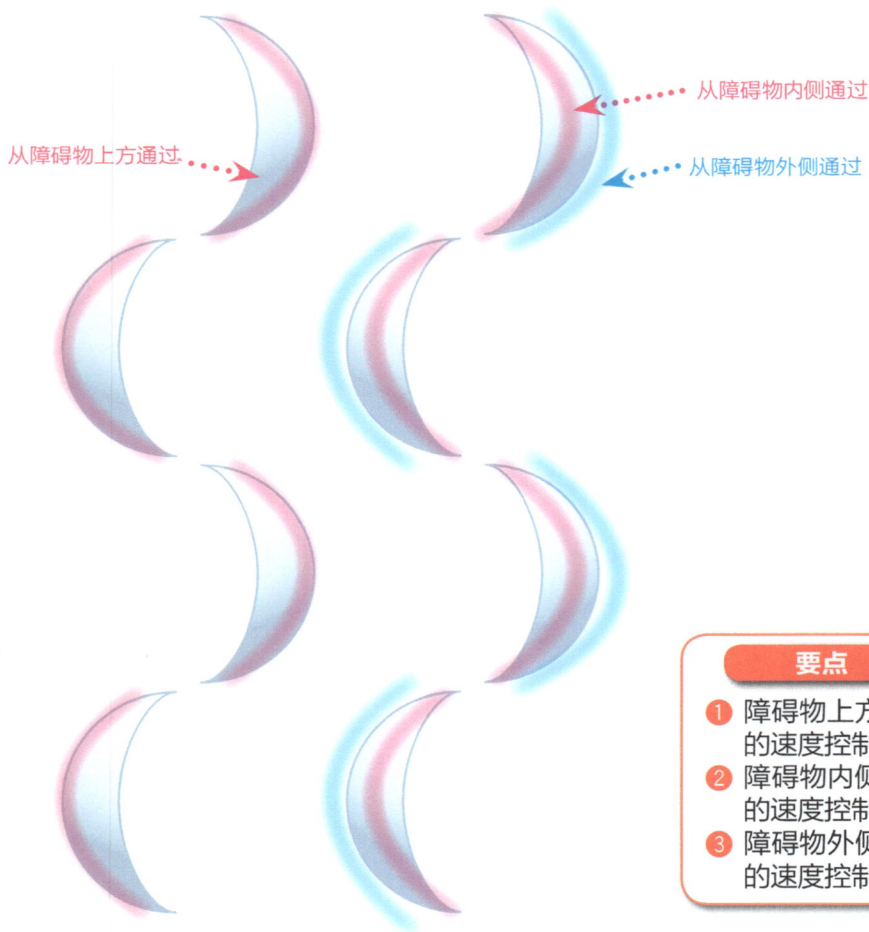

从障碍物上方通过

从障碍物内侧通过

从障碍物外侧通过

**要点**

❶ 障碍物上方通过
的速度控制。
❷ 障碍物内侧通过
的速度控制。
❸ 障碍物外侧通过
的速度控制。

## 寻找可以控制自身动作的地点

　　很多人不擅长在凹凸不平的场地上滑行，这往往是因为他们不注重控制自己的速度。他们多数将精力集中在控制滑行方面，而不是有意识地去控制速度。

　　在凹凸不平的场地中，存在着一条滑行路径。提起路径，大家一定会认为，这里是控制滑行方向的地点。实际上应该是在这里控制速度。这条路径要依靠障碍物的形状和滑行的速度来选择，接下来我们会介绍3种选择路径的方法。

**障碍物上方滑行的控制。**

在障碍物前方，滑雪板的板尾向外侧运动，这样的话可以起到踩刹的作用。这种路径对于不熟悉障碍滑雪的人以及喜欢慢速滑雪的人来说，非常适合。

**障碍物内侧滑行的控制。**

这是已经经过的障碍物，通过滑雪板摩擦障碍物内侧进行控制的路径。这时滑雪板不再向外侧移动，而是向下方运动。虽然速度有了提升，但是还是需要腿部的弯曲动作进行辅助。

**障碍物外侧滑行的控制。**

由于路径远离障碍物，所以在转弯的前半程和后半程可以适当地进行踩刹。对于在转弯时重视回转的人来说，这是一个非常适合的路径，而且往往可以使用中速进行滑行。

---

**无法完美达成之时**
**看看这里**

首先要充分地理解路径和速度的关系。

**一起来检查！**

☐ 在障碍物上方慢慢滑行。
☐ 在障碍物内侧快速滑行。
☐ 在障碍物外侧匀速滑行。

# 在下降之前，把滑雪板尾部移向外侧

动作切换之后将板尾向外侧移动。

伸直腿部之后滑雪板偏离身体更远，增大了摩擦力。

将滑雪板向外侧移动的话，滑雪板会按照障碍物的形状进行扭转。

利用障碍物学会踩刹的基本方法

虽然障碍物高低不平，但是踩刹的方法没有根本的变化。与平地滑行的技巧相同，使用滑雪板的板尾向转弯的外侧移动，起到踩刹的作用。

为了能够更加灵活地转动板尾，一定不能让其碰上障碍物。板尾的移动要在下降之前进行，这样就不需要弯曲膝关节，而可以与平地一样，利用站姿进行转弯。

## 要点

❶ 滑雪板的板头保持方向不变，移动板尾。
❷ 利用脚心到脚跟的位置切入雪面。

在犁式转弯过程中，保持稳定的速度通过障碍物。

利用右脚的脚心到脚跟的部分，将外板向外侧移动。

板头位置保持不变，板尾向外侧移动。

在切换动作时，身体处于滑雪板的正上方。

由于摩擦力增大，改变了滑雪板的方向。

将重心移到左脚的脚心和脚跟的位置，将外板向外侧移动。

很多中级水平的滑雪爱好者也无法完成这样的动作，这是因为他们没有灵活地运用板尾的移动。移动过程中，板头要保持方向不变，同时不断地向外移动板尾，这样可以保持慢速前进。

这个动作和要领22的要点2的动作相同。但是由于障碍物凹凸不平，如果不能把自己的体重承载在滑雪板上，就会被障碍物的反作用力推倒。为了将体重承载在滑雪板上，可以使用脚心到脚跟的部分来移动滑雪板。

**无法完美达成之时**
**看看这里**

首先在平地上练习要点1和要点2，找到踩刹的感觉。

**一起来检查!**

☐ 只通过移动板尾是否能够滑行。
☐ 是否能够保持匀速滑行。
☐ 是否感受到障碍物的反作用力了。
☐ 是否能够感受到踩刹的效果。

# 用两只滑雪板切入雪面进行控制

**要点**

① 模拟滑雪板的动作。
② 通过板尾跳跃，切换滑雪刃。

## 使用与肩同宽的步伐来控制速度

在犁式转弯中，如果两只滑雪板能够切入雪面的话，可以使用与肩同宽的步伐来控制速度。

因此，滑雪刃的切换成了技术上的关键点。如果能够进行熟练切换，可以像犁式转弯一样，将滑雪板向弯道的外侧移动。大家常犯的错误就是利用扭动滑雪板来改变板头的方向。这样做的话，滑雪板既不能向外侧移动，也无法切入雪面。因此，滑雪刃的切换是移动中的关键动作。

两侧的滑雪板同时切换滑雪刃，即使出现一些时间上的误差也不要在意。

● 此时切入雪面进行踩刹。

滑雪板的板尾向外侧移动，保持踩刹状态。

转弯时保持踩刹状态，并且保持匀速。

在障碍物的上方切入雪面时，滑雪板按照上述的方式进行移动。其中的要点就是两侧的滑雪板同时要切换滑雪刃。如果不能切换滑雪刃，滑雪板就无法向弯道外侧移动。首先大家可以模拟照片中的动作进行练习。

用雪杖使劲点杖，滑雪板离开障碍物之后，向斜前方跳跃。

向其前方跳跃之后，滑雪板和雪面平行，滑雪板的板头落地。

随后切换滑雪刃，滑雪板向外侧移动，进行踩刹。

对于两个滑雪板切换滑雪刃最有效的方法就是利用板尾的跳跃。跳跃的距离可以不用太远。因为跳跃之后滑雪板可以和雪面保持平行，容易进行滑雪刃的切换。如果减小移动幅度，会变成通过上下移动切换滑雪刃。

**无法完美达成之时**
**看看这里**

当不能通过跳跃进行滑雪刃切换时，可以按照山上脚到山下脚的顺序进行切换。

**一起来检查!**
□ 是否能够想象到滑雪板的移动。
□ 滑雪刃是否能够进行切换。
□ 切换之后是否能够及时踩刹。

# 用滑雪板的板尾完成转弯，露出板头之后进行转换

**要点**

① 使用滑雪板的板尾完成转弯。
② 露出滑雪板的板头之后进行切换。

## 完成转弯后，要知道切换的时机

越是将重心置于脚跟，切入雪面的量就会越大。在通过障碍物上方滑行时，转弯时要保持踩刹，一直到最后将重心移至脚跟完成转弯动作。随后的切换动作在滑雪板的板头从障碍物露出之后进行。在板头露出之前，滑雪板在障碍物之间应该没有活动的余地，因此不可能改变方向。板头露出之后，说明有了活动的余地，因此，可以自由地移动滑雪板。

从障碍物的中间开始斜向滑行，进行登坡。

重心移至脚跟，使用滑雪板的板尾切入雪面。

在切入雪面的同时，滑雪板的板头向上，停止移动。

因为障碍物呈现倒扣的碗状，所以滑雪板的板尾受到的反作用力会比较大。因此不压住板尾的话，板头会向上翘起。登坡时，要将切入雪面的动作保持到最后。

使用板尾完成转弯的动作，板头会露出障碍物。

滑雪板的板头露出以后，使用跳跃或身体的上下运动，来切换滑雪刃。

滑雪板的板尾切入雪面，起到踩刹的作用。当露出雪面以后，再次进行切换。

完成转弯动作之后，滑雪板自然会转到露出板头的位置。如果板头不能露出障碍物，说明重心的位置有误，或者身体未能保持稳定。如果板头露出的话，使用要领33中介绍的跳跃或站立的方法进行动作的切换。

**无法完美达成之时**
**看看这里**

使用滑雪板的板尾时，脚尖不能悬空，踝关节要保持弯曲。

**一起来检查!**

□ 是否能用板尾切入雪面完成转弯的动作。
□ 是否能够确认板头露出的位置。
□ 是否能够等待板头露出。
□ 板头露出之后是否能够进行动作的切换。

# 双腿伸直，切入雪面

双腿伸直，切入雪面。虽然用力的方向有所变化，但是移动的方向和在障碍物上方滑行时一致。

伸直的双腿被障碍物顶起，导致膝关节弯曲。保持这个状态，进行滑雪刃的切换。

在膝关节弯曲的情况下进行滑雪刃的切换，跨越障碍物之后，再次伸直膝关节，切入雪面。

利用障碍物的形状，调整膝关节的屈伸

在控制滑行的速度时，我们以前介绍的在障碍物上方滑行的方法已经足够了。但是为了提高滑雪的速度，我们会利用双腿伸直、弯曲的动作来吸收障碍物带来的冲击力，并且进行滑雪刃的切换。我们把这一系列的动作称为腿部的屈伸动作。

腿部屈伸动作中最关键的就是不能主动用力，而是根据障碍物的形状自然地弯曲、伸直膝关节。首先让我们熟悉一下动作，来体会膝关节屈伸的感觉。

**要点**

① 腿部弯曲、用力、伸直的连续动作。
② 根据障碍物形状进行的一系列腿部动作。

转弯的后半程中,伸直膝关节,滑雪板切入雪面。

由于受到障碍物的反作用力,膝关节自然弯曲,上半身向下一次转弯的方向倾斜。

如果上半身和滑雪板朝向同一个方向,不会受到障碍物的阻力,膝关节不会弯曲。

从双腿伸直的状态,弯曲外脚的踝关节,身体姿势降低,进行滑雪刃的切换,此时腿部的方向和上半身的方向不能相同。双腿弯曲时踝关节应该用力。

在进入转弯之前双腿可以自然弯曲。

随后伸直双腿,切入雪面。甚至可以向着接下来要转弯的方向进入障碍物。

滑上障碍物时,膝关节受到反作用力自然弯曲。此时要注意身体的重心。

在进行腿部的屈伸动作时,最容易出现的错误就是不自觉地主动弯曲双腿。如果此时上半身面对的方向和滑雪板的方向不一致的话,自然会感到障碍物的反作用力,此时再弯曲双腿。身体的重心也不能置于脚尖,应该置于脚部整体或偏向脚跟的位置。

## 无法完美达成之时 看看这里

滑行的速度越快,越能感到和障碍物接触的冲击力,膝盖弯曲的角度也会越大。所以,进入障碍物之前,只要做到稍稍屈膝就可以了。

## 一起来检查!

☐ 是否能够感受到障碍物的反作用力。

☐ 是否能够感受到踝关节弯曲。

☐ 是否能够感到踝关节用力。

☐ 是否能够伸直双腿切入雪面。

# 在身体的正下方伸出脚来切入雪面

## 由横向切入雪面，变为正向切入雪面

为了达到滑雪板切入障碍物后侧的效果，需要双腿弯曲跨越障碍物，当滑雪板在障碍物后侧接触雪面后，再伸直双腿。

因此，我们需要学会要领35中介绍的腿部屈伸的技巧。如果在身体直立时切换滑雪刃，

在滑雪板接触障碍物的后侧时，双腿处于直立状态，将无法切入雪面。

所以在滑行之前，先要了解自身的滑行路线，然后再考虑动作的时机。

首先准确地进行滑雪刃的切换。和踩刹时的动作相比,滑雪板稍稍偏向障碍物之间的部分。

**切入这个部分进行踩刹。**

▽

这个部分就是障碍物的后侧,滑雪板从这里切入雪面。

▽

双腿伸直,滑雪板切入雪面之后,受到障碍物的反作用力,进行下一次转弯。

滑雪板为了切入障碍物后侧,需要以带有弧度的路线进行转弯。为了能够准确地切入雪面,滑雪板的板尾一定要接触雪面,在这之前双腿弯曲,随后伸直双腿切入雪面。

从有弧度的路线进入转弯部分,受到障碍物的反作用力的膝关节保持弯曲。

▽

滑雪板接触到雪面之后伸直膝关节,这样可以保证准确地切入雪面。

▽

伸直双腿切入雪面之后,弯曲膝关节,进入下一次转弯动作。

首先了解滑雪的路线,随后根据路线练习身体的动作。这里最重要的是在障碍物后侧切入雪面的动作。首先可以使用两三个障碍物进行练习。

**无法完美达成之时**
**看看这里**

如果是面对比较高大的障碍物,恐惧心理会令身体僵硬,很难切换雪刃。所以应该从低矮的障碍物开始练习。

**一起来检查!**

☐ 是否能够理解滑雪板切入障碍物后侧的滑动路线。

☐ 是否能够理解身体配合滑雪路线的动作。

☐ 是否能够保持一系列正确的动作。

# 用双腿弯曲的姿势下滑

在障碍物上双腿弯曲。

保持双腿弯曲的姿势，垂直下滑。

垂直下滑后，双腿伸直，在障碍物后侧切入雪面。

在到达障碍物后侧时，保持屈腿的姿势

在障碍物后侧切入雪面的动作中，能在保持双腿弯曲的状态下切入雪面是非常重要的，而且这也是一个难点。

需要注意的是滑雪板的板头向下的移动。板头向下时，必须牢记弯曲膝关节，垂直下滑，或者保持接近垂直的角度。如果一开始就使用比较高大障碍物练习，会有相当大的难度，所以应该从比较低矮的障碍物开始练习。在每次转弯时头脑中要想着下滑的动作。注意到达障碍物后侧时双腿一定要弯曲。

## 要点

❶ 开始转弯时，两手可以紧贴大腿根部。
❷ 使用豚跳转弯技巧，进行腿部的屈伸。

开始转弯时, 两手可以紧贴大腿根部。

双手贴住大腿根部, 滑雪板的板头向下。

板头经过了身体正下方之后, 开始伸直双腿。

每一次转弯都需要明确做出踩刹动作。

如果将双手贴住大腿根部的话, 能够确保上半身处于滑雪板的正上方。为此身体可以保持稳定的垂直下滑的姿势。此外, 双手可以感受到被腹部和腿部夹在中间的感觉。腿部是否弯曲, 可以通过手的感觉来体会。

使用豚跳转弯技巧, 进行腿部的屈伸。

使用滑雪板的板尾冲出障碍物。

屈膝, 使滑雪板位于身体的正下方。

将滑雪板的板头向下, 同时伸直双腿。

屈腿时冲出障碍物, 伸腿时通过障碍物的后侧。这是针对滑雪板和腿部动作进行配合的练习。如果连续做有难度的话, 可以每2到3次转弯做一次动作。

**无法完美达成之时**
**看看这里**

如果不容易降低身体, 那么跨越障碍物时可以使用下蹲的姿势。

**一起来检查!**

☐ 是否能够双腿弯曲跨越障碍物。
☐ 滑雪板向下时, 双腿是否保持着弯曲。
☐ 在障碍物的后侧, 双腿是否伸直了。

# 雪杖向着障碍物垂直点杖

**要点**

1. 慢速滑行时，利用雪杖向障碍物垂直点杖。
2. 提高速度时，在进入障碍物之前点杖。
3. 点杖之后手腕向前伸出。

## 点杖不能影响滑行的动作

在有障碍物的雪道上滑行时，最常见的就是通过用力点杖来帮助身体转弯，或者放慢速度调整动作转弯。实际上，转弯或放慢速度都是借助滑雪板来完成的工作。使用点杖的方法转弯，可能会影响身体平衡，而且会造成手腕疼痛。

希望大家注意的是点杖的位置。例如在有障碍物的雪道上，下滑的部分往往是坡度最大的。在坡度大的地点使用垂直点杖的方法，往往不会妨碍身体的动作。而且与其说点杖，不如说是利用雪杖保持身体稳定。

## 要点 1

**慢速滑行时，利用雪杖向障碍物垂直点杖。**

点杖的时机越早，越容易阻碍身体下滑的动作。放慢滑行的速度，可以使点杖找到更好的时机。在有障碍物的雪道上的下滑部分，使用垂直点杖的方法更加合适。

## 要点 2

**提高速度时，在进入障碍物之前点杖。**

随着速度的提高，点杖的频率也会加快。但是应该在双腿受到障碍物的阻力之后点杖，如果在之前点杖的话，雪杖会变成支撑身体的拐棍，导致腿部无法弯曲。

## 要点 3

**点杖之后手腕向前伸出。**

如果点杖之后雪杖不立刻离开地面的话，会被身体拖着前行，从而影响腿部的动作。因此，雪杖点杖之后要立刻通过手腕前伸的动作离开地面。

---

### 无法完美达成之时
### 看看这里

在障碍物之前、障碍物内侧、障碍物之后，分别体验点杖的难度。

---

### 一起来检查！

☐ 雪杖的运动是否影响到了身体的动作。
☐ 是否有助于腿部的活动。
☐ 在越过障碍物下落时，是否能伸直双腿。

# 滑雪板的板头不要突然改变方向

和压雪地面相同，视线和上半身的准备动作不能过于提前。

由于是左右大幅度移动，所以与其说是在障碍物的内侧滑行，不如说是在障碍物的外侧滑行。

因为在障碍物外侧滑行，所以滑雪板需要进行大幅度回转来完成转弯动作。

**重视回转的小转弯动作**

因为滑行的路线要经过障碍物的边缘，所以也有人把它叫作"边缘转弯"。因为滑雪的路径避开了很多凹凸不平的障碍，所以身体的上下运动减少，相反，左右运动的幅度变大了。

此外，腿部的伸缩变得不再那么重要。如果腿部不伸缩的话，与重视平衡的滑雪方式相同，容易进行踩刹。如果使用上腿部屈伸动作，可以通过切入雪面的行为进行滑行加速。和注重平衡的滑行方法相比，针对的障碍物种类是不同的。这种方法适用于障碍物范围比较大的场地。

**要点**

① 模拟滑雪的动作。
② 在障碍物的斜面上进行半犁式转弯。

模拟滑雪的动作。

在滑雪板的板头不朝向下的情况下进行滑雪刃的切换。

滑雪板沿着障碍物的边缘进行回转。

沿着障碍物的形状进行转弯。

这是重视回转的小转弯方式，因此，转弯的轨迹形成一个半圆。这种方法适合于宽阔的障碍物地区。相反，对于阶梯状的场地不太适合。

在障碍物的斜面上进行半犁式转弯。

在滑雪板的板头不朝向下的情况下蹬出山侧的滑雪板。

自身不用转动滑雪板，只要稍稍用力，就可以沿着障碍物的边缘开始转弯。

一直到完成转弯动作为止，使滑雪板均匀受力。

熟悉了重视平衡的滑雪方式后，容易不自觉地将板头朝向谷侧。这样，滑雪板会沿着障碍物的内侧穿过。在这个练习当中，要体会沿着障碍物边缘进行转弯的感觉。

**无法完美达成之时**
**看看这里**

与注重平衡的滑雪方式相比，速度要再慢一些，能够感受到自然转弯的动作。

**一起来检查!**

☐ 视线和上半身的准备动作是否过于提前。
☐ 是否能够感受到滑雪板的板头不能向下。
☐ 转弯的路径是否形成了一个半圆形。

# 一定要压着雪面保持滑行

**要点**

❶ 用犁式转弯压着雪面。

❷ 一直压到下降线为止。

❸ 如果过度转弯，板头会朝向下方。

## 如果压着雪面一直滑行，可以沿着障碍物边缘进行转弯

如果不将滑雪板的板头朝向下方，滑行的速度就不会太快，所以更容易压着雪面滑行。

在重视回转的滑雪方式中，最重要的是发挥滑雪板的回转性能。因此，要不断向滑雪板施加压力，使滑雪板自然弯曲，并且在经过下降线之后，让滑雪板达到最弯曲的状态。随后身体放松，加快滑雪的速度。如果身体慢慢放松，可以起到踩刹的作用。能达到这一点的话，滑雪板就可以沿着障碍物的边缘进行转弯。

**要点 1**

利用犁式转弯压着雪面。

在犁式转弯中不断向滑雪板施加压力的话，可以使滑雪板沿着障碍物的形状进行稳定滑行。在这里可以感受到自身在转弯的前半程和中间用力压雪的感觉，而在后半程感受到雪的反作用力。

**要点 2**

一直压到下降线为止。

就像通过犁式转弯可以感受到的一样，到下降线时可以明显感觉到滑雪板的推力。双板平行滑行时，到下降线时保持膝关节笔直，心里牢记切入雪面的动作。

**要点 3**

如果过度转弯,板头会朝向下方。

受到障碍物的反作用力，双腿会自然弯曲，重心移向脚跟。因此，以脚跟为中心转动滑雪板会导致板头容易朝向下方。

---

**无法完美达成之时**
**看看这里**

首先利用犁式转弯进行一次转弯，可以感受到身体用力和受到反作用力的差别。

**一起来检查!**

☐ 是否能够体会到向滑雪板用力的感觉。
☐ 身体伸直时是否能够拐弯。
☐ 是否能够匀速向前滑行。

# 感觉进步的瞬间

以前不会滑的路线变得更加轻松了，并且对于滑雪有了新的感受，这时大家可能会认为自己进步了。

这个感受到自己进步的瞬间到底是什么时候呢？对于这个问题，我们询问了众多的滑雪爱好者，并且得到了如下回答。

## 第一位 滑雪不再感到紧张时

滑雪爱好者
的主要呼声

"以前滑新雪时总是提心吊胆，现在却感到动作变得流畅得多，滑行时也变得一路欢声笑语了。"（60岁女性）

"跟在教练的身后一起滑行了犁式转弯，虽然滑行的速度比较快，但是能够冷静地观察教练的动作，而且能够和教练一同学习。"（40岁男性）

## 第二位 可以联想到自己滑雪的动作时

滑雪爱好者
的主要呼声

"在滑雪训练班中我是最后一个滑障碍雪道的，很多同学都在下面看着我，让我感到有些紧张，但是我头脑中能够想象自己顺利完成动作时的情景，并且按照自己设计的线路完成了整套动作。"（50岁男性）

"我在6个人的滑雪队伍当中，跟着第一个人的动作滑到了最后，心里有些感动。"（70岁女性）

## 第三位 在环境变化，并且被别人夸赞时

滑雪爱好者
的主要呼声

"当我升到滑雪高级班的时候，真是没想到会有这一时刻的来临。"（50岁男性）

"滑雪班的同学一直在夸奖我，而且说从我的身上学到了很多东西。虽然我对自己的实力感到疑惑，但是心里还是非常高兴的。"（40岁女性）

# 第5章

## 战胜新雪及冰冻积雪

# 在雪中造雪墙

## 把滑雪板压向雪面的话，雪面会变得结实

新雪和经过压实的雪道完全不同。在新雪上滑雪时，滑雪板会更加下沉，因此身体不容易保持稳定，从而导致有些滑雪动作很难做到位虽然滑雪板的下沉增加了滑雪的难度，但也增加了滑雪的乐趣。

滑雪板的控制与在压实的雪道上滑雪相同，

给滑雪板加上重量的话，滑雪板一定会在雪中下沉。但是雪经过压缩以后会变硬，从而形成一道墙。形成一道墙以后身体可以放松，这时滑雪板反而会上浮。

在新雪中滑雪的话就是上述一系列动作的循环。

**要点 1**

将滑雪板长时间向下压去。

在新雪中滑行时，滑雪板越是下降，压雪的时间就越长。如果在雪道上压雪的话，立刻可以感受到反作用力。在新雪上，反作用力会有一定的延迟。可以先在犁式转弯中体会这种感觉。

**要点 2**

下压滑雪板可以使雪变得结实。

滑雪板向下沉时，下面的雪受到挤压，变得更加坚硬，这样就形成了一道墙。在新雪中滑行时，是否能够形成这道雪墙非常关键。

**要点 3**

有一种在雪中造雪墙的感觉。

新雪应该会掩盖着以前滑过的痕迹，这些痕迹应该会变得更加坚硬。所以，向下压滑雪板的时候，一定要滑出新的痕迹。

**无法完美达成之时 看看这里**

雪越深，滑雪板下沉的时间会越长，形成雪墙的时间也就越长。

**一起来检查!**

☐ 是否能够理解下压滑雪板会形成一道雪墙的原理。

☐ 是否能够理解雪和雪墙的状态。

# 利用雪墙，使滑雪板上浮

利用雪墙的反作用力，使滑雪板上浮

滑雪板越宽，受到的支撑力越大，在雪面上越不易下沉。但是我们这里所说的支撑力，并不是利用支撑力做出的动作，而是可以灵活地控制方向。就像在要领41中介绍的那样，支撑力来自雪墙的反作用力，这时两个滑雪板是用力向下压的状态。如果双腿放松，雪墙的反作用力会推动滑雪板上浮，这样就可以更加自如地改变方向了。如果不会利用这些动作的话，在反作用力很大的雪中很难改变前进的方向。

下压滑雪板，形成雪墙。

腿部放松，利用雪墙的反作用力使滑雪板上浮。

腿部放松，利用雪墙的反作用力使滑雪板上浮。

**要点**

❶ 受到雪墙的反作用力，可以完成跳跃动作。

❷ 要提前制造雪墙。

受到雪墙的反作用力,可以完成跳跃动作。

要提前制造雪墙。

在旋转的后半程,通过下压滑雪板形成雪墙。

▽

形成雪墙之后,双脚受到反作用力,滑雪板上浮,可以进行跳跃。

▽

落地之后继续下压滑雪板,制造新的雪墙。

对于下降的斜面,滑雪板越是朝向侧面,越容易制造雪墙。首先在旋转动作的后半程,制造雪墙,利用雪墙的反作用力进行跳跃。如果能很好地利用雪墙,对于腾空的动作会有很大的帮助。

首先进行犁式转弯。在经过下落线之后,开始制造雪墙。

▽

形成雪墙以后,双腿逐渐放松。

▽

滑雪板上浮以后,另一支脚下压滑雪板,再次制造雪墙。

在旋转时切换动作是非常不容易的,这一点无论是在滑雪道还是在新雪上都是相同的。因此,能够制造雪墙的话,要尽量提前制造。特别是在滑过下落线之后是最理想的时机。

**无法完美达成之时**
**看看这里**

向下压滑雪板时,如果重心偏向脚跟会导致制造雪墙变难。因此,重心要保持在脚掌上。

**一起来检查!**

☐ 是否能够利用雪墙,进行跳跃动作。
☐ 是否能够比滑雪板的横向滑行更快地制造雪墙。

# 保持笔直的身体轴心

**要点**

① 保持身体轴心，有助于力量的传递。
② 通过动作的切换，确认身体重心。

## 力量的传递, 有助于制造雪墙

为了将松软的雪面压实，需要保持笔直的身体轴心。如果身体轴心扭曲的话，无法将力量正确地传递到滑雪板上，也无法制造雪墙。

此外，身体的位置不能过于前倾，也不能过于后倾。重心要均匀地置于脚掌上。

有些人认为在新雪上滑行时，重心应该放在脚跟。其实这样可以让滑雪板上浮，但是对于制造雪墙没有任何帮助。

双手举过头顶，采用身体轴心不稳定的方法进行滑行。

以制造雪墙为目标，采用这个姿势进行一次转弯。

如果能制造雪墙的话，随后进行连续转弯。

如果举起双手，身体会很难保持平衡，从而导致动作容易改变方向。这样的话很难形成雪墙。如果用这个姿势能做出雪墙，说明身体的轴心非常稳定。

在转弯的后半程动作中将雪杖前伸。

切换动作时，两根雪杖在腹部前面轻轻敲击。

从这个姿势进入下一个转弯动作。

保持腹部与滑雪板垂直，这是在转体动作中保持轴心稳定性的关键。如果难以完成这个动作的话，说明平时滑雪时轴心左右摆动，或者过早地进行准备动作。

**无法完美达成之时**
**看看这里**

如果身体过于直立，会导致轴心不容易保持笔直。所以双眼要盯着滑雪的痕迹，同时身体要调整到能制造雪墙的姿势。

**一起来检查！**

☐ 姿势是否能够制造雪墙。
☐ 制造雪墙的感觉是否比原来更加清晰。
☐ 身体的轴心是否可以使身体保持稳定滑行。
☐ 是否能够利用雪墙进行动作的切换。

# 使做雪墙的动作更加潇洒熟练

## 新雪的深度和质地在不断变化

由于所处的地理位置不同以及温度的变化不同，雪的质地也会完全不同，倾斜的角度和地形的变化也会影响雪的质地。因此，并不是每次转弯时使用相同的力度就能做成相同的雪墙，甚至每次转弯时的动作都会有些变化。

为了应对这种状况，大家应该对制造雪墙时的每个动作的变化更加敏感。

为此，我们要进行大量的练习，来应对在制造雪墙时所遇到的困难状况。

双手举起雪杖，双臂夹住双耳。

由于举起了双臂，身体重心会变得不稳定。

用这个姿势一边制造雪墙，一边滑行。

如果将双手背在身后滑行的话，可以和这个练习起到相同的作用。如果身体不能保持很好的稳定性，在滑雪过程中，要用心感受身体轴心的不断变化。

滑行时两个滑雪板保持平行。切换动作时，张开外侧的滑雪板。

外侧的滑雪板压住雪面。

在滑到下降线之前，放下外侧的脚掌，利用雪墙完成转身的动作。

如果使用外侧的一条腿滑行的话，和双腿滑行相比，滑雪板的支撑力会变小，从而容易下沉。因此，使用一条腿滑雪的话，对于雪墙转弯的感觉会更加敏感。

## 无法完美达成之时 看看这里

在坡度比较小的斜面上滑行时，速度会比较慢，因此，最好选择比较有难度的滑行路线。

## 一起来检查!

☐ 即使无法制造雪墙，是否能够在雪面上平稳滑行。

☐ 是否能在坡度比较大的雪面上制造雪墙，并且保持稳定的速度进行转体。

# 雪杖的作用就是保持节奏

滑雪的动作要具有节奏感

经过下降线之后，重新拿起雪杖。

一边点杖，一边切换动作。

一侧的雪杖点杖之后，另一侧的雪杖开始准备点杖。

进行连续转弯时，最重要的就是节奏感。如果具有稳定的节奏感，就能够很顺利地完成动作。即使动作有一些偏差，也容易进行补救。

在新雪上转体时，不可能像在雪道上一样利用雪刃来保持动作的节奏。这时雪杖就起到了非常重要的作用。如果雪杖的动作带有节奏感，全身的动作能够更加协调。如果轻易不能掌握腿部动作的话，可以考虑加上手部的动作。

## 要点

1. 手臂要保持有节奏的运动。
2. 点杖之后，雪杖要继续运动。
3. 雪太深时，要利用肩部带动臂部运动。

**要点 1** 手臂要保持有节奏的运动。

如果停止手臂的动作，身体将失去节奏感，动作也将失去稳定性。因此，应该养成双手交替地有节奏地进行点杖的习惯。

**要点 2** 点杖之后，雪杖要继续运动。

点杖之后，臂部继续保持运动，另一侧的臂部开始运动。如果雪杖的点雪时间过长，有可能雪杖无法从雪中抽出，并且动作会变得迟缓。

**要点 3** 雪太深时，要利用肩部带动臂部运动。

在大雪中滑行时，有些人认为点雪的动作应该与游泳的动作接近。确实，如果不这么做的话，雪杖会被埋在雪里。下次遇到大雪时请一定要尝试一下。

**无法完美达成之时 看看这里**

在滑雪之前要提前练习点杖的动作。

**一起来检查!**

☐ 是否会有雪杖从雪中拔不出来的情况，或者雪杖带动臂部运动的情况。

☐ 是否保持了有节奏感、流畅的点杖动作。

# 改变节奏和转弯弧度,提高滑雪水平

要点

① 配合他人的节奏。
② 利用大回转滑行。

## 通过改变滑雪的节奏提高适应能力

在坡度比较大的斜面或在雪的成分比较复杂的平面上滑行时,往往一开始喜欢按照自己的速度进行滑行。但是即使都是新雪,地形和雪的深度也各不相同。

例如在坡度超过35度的斜面上,如果将滑雪板横过来的话,立刻就可以起到踩刹的作用。如果身体跟不上动作的话,立刻就会跌倒。为了避免这种情况,身体一定要随着滑雪板同时下落。为了提升这种能力,可以配合他人的节奏,改变回转的弧度。

如果和前方滑行的人进行同方向转弯的话,前方的雪雾容易阻挡自己的视线。因此建议和前方的滑雪者反向转弯。

▼

如果和前方的人同时点杖的话,更容易控制节奏。

**点杖**

▼

如果雪深到看不见前方程度的话,前方的人应该将点杖的动作用声音传达给后方。

造雪墙的方法和小回转时相同,随后利用雪墙进行动作的切换。

▼

如果从上半身开始回转的话,脚步容易跟不上上半身的动作,所以要从双腿和腰部开始进入回转的动作。

▼

一边感受雪墙的反作用力,一边完成转弯动作。

和别人一起滑行,能够切身观察其他滑雪者的身体动作。因此,最好紧贴着前面的人一起滑行。也可以两个人并排滑动进行练习,但是更推荐前后滑动,因为这样更容易看清对方的动作。

进行大回转滑行时,速度可以更快,但是动作却更加不容易稳定。特别是如果不能制造出坚固的雪墙的话,转弯的前半部分的动作尤其不容易稳定。因此,要练习制造牢固的雪墙。

## 无法完美达成之时
### 看看这里

和他人一起滑行时,无论雪杖的动作还是身体的动作都要与他人保持统一。

### 一起来检查!

☐ 是否能够和前面的人保持动作一致。

☐ 进行大回转时是否能够制造牢固的雪墙。

☐ 回转时动作出现失误,后方的人是否能够追上前方的动作。

# 关于新雪，经常出现的失误及其应对策略

**要点**

① 即使在新雪上滑行，身体的重心也应该全部置于脚掌上。

② 上半身旋转时，滑雪板不能旋转。

## 如果上半身的动作幅度过大的话，不容易顺利滑行

在新雪上滑行时，大家往往有一种错误的认识，认为身体的重心应该置于脚跟，而且应该上半身带动下半身运动。暂且不提人工滑雪场，如果是天然滑雪场的话，这种看法会有很大的弊端。

人的重心一开始不会置于脚跟，但是往往最后重心会偏向脚跟处。此外，在脚下制造雪墙之后，有时也会从上半身开始进行转弯的动作，但是前提要先通过滑雪板制造雪墙。如果这样还滑不好的话，那就需要纠正自身的动作了。

即使在新雪上滑行，身体的重心也应该全部置于脚掌上。

NG

身体重心不能置于脚跟。

▼

如果板头翘起，说明重心不稳定。

▼

为了保持重心的稳定，身体应该向内侧倾斜。但是如果过度倾斜，也会使身体失去平衡。

即使在新雪中滑雪，重心也应该置于整个足部。因为滑雪板的板头比较宽大，支撑力也比较大，所以与脚尖一侧相比脚跟一侧更容易下沉。滑行时重心可以稍微前倾。

上半身旋转时，滑雪板不能旋转。

NG

通过上半身向谷侧倾斜开始转弯动作是错误的。

▼

在平整的雪道上滑行时，阻力比较小，很容易转弯。但是在新雪上，情况就大不相同了。

▼

如果上半身向山侧倾斜，下半身向谷侧倾斜的话，无法制造雪墙。

滑雪板由于受到雪的阻力，不可能灵活运动，因此需要制造雪墙，从而借助雪墙的反作用力使滑雪板上浮，来改变方向。所以总是要在滑雪板上浮的状态下改变方向。

**无法完美达成之时**
**看看这里**

如果动作错误，结果会不尽如人意，因此，要确保动作正确。

**一起来检查!**

☐ 重心是否置于整个脚掌上。

☐ 是否在滑雪板上浮的状态下改变方向。

☐ 在新雪上滑行的各种说法中，是否能够找出其中的错误。

# 冻雪的难度来自雪层的数量和积雪内部的变化

平整的雪道

新雪

新雪的雪层

冻雪

**要点**

1 从表面上看不出任何异常。
2 滑雪板或下沉的深度在每次转弯时都不同。
3 有时表面冻得非常坚硬。

坚硬的表面

新雪层

## 在状况不同的雪面上连续滑行

　　一般将新下的比较柔软的雪称为"新雪"，而将表面融化后凝固的雪称为"冻雪"。在刮大风之时，偶尔能够在滑雪场看到表面具有波纹的雪质，也可以称为"冻雪"。之所以在冻雪上滑行比较困难，是因为冻雪是由不同层次的雪质组成的，所以它不可能像新雪一样保持向一个方向压缩。室外有风的场所和无风的场所，向阳的地方和背阴的地方，都会影响雪质的变化。如果遇到冻雪的话，希望大家一定要挑战一下!

从表面上看不出任何异常。

如果看到雪上的波纹，另当别论。看上去是非常平整的新雪，跳上去一通乱滑的话，会出现危险。所以事先应该用雪杖插进雪内，检查一下。

滑雪板或下沉的深度在每次转弯时都不同。

有时每一次转弯都会遇到不同硬度、不同质地的雪。所以要通过自己的动作变化，对应不同的情况。

有时表面冻得非常坚硬。

在春天时经常会出现雪洞。这是因为白天温度比较高，雪的表面融化，到了晚上有遇冷凝结的原因。如果雪的表面是平整的话，根本不会被发现。有时连滑雪的痕迹也能够冻住。

**无法完美达成之时**
**看看这里**

在滑雪之前我们要理解冻雪的本质以及滑行的难点。

**一起来检查!**

☐ 通过刮风形成的冻雪我们称它为"风冻雪"。

☐ 融化之后凝固形成的冻雪称为"阳光冻雪"。

115

# 钻入雪中制造雪墙

**要点**

① 利用雪墙的反作用力，使滑雪板浮出表面。
② 将体重放在整个脚掌上。

## 虽然雪质有变化,但是身体的动作保持不变

在新雪中学到的制造雪墙的方法，在冻雪中依旧是必须掌握的技巧。新雪和冻雪的最大区别就是硬度不同，因此支撑力比较大的滑雪板的板头向上翘起，支撑力比较小的板尾会向下沉。即使这样，为了制造雪墙，重心的位置也是非常重要的。每次回转时，重心都要放在整个脚掌上。所以要求身体不断地直立或者弯曲，才能保持重心的稳定。这也是一个非常好的练习技巧的方法。

利用雪墙的反作用力，使滑雪板浮出表面。

通过自身的动作将体重传送到滑雪板，用来制造雪墙。

▼

形成雪墙之后，滑雪板自然会浮出表面。

▼

滑雪板和身体保持垂直，再次将身体的重心放在整个脚掌上。

身体的动作和在新雪上滑行时完全相同，但是滑雪板在雪中下沉的程度由于雪质不同而不同。但是在每次切换动作时，都要保持重心在滑雪板的正上方。

将体重放在整个脚掌上。

与在新雪上滑行一样，转弯时要将身体的所有重量放在滑雪板上。

▼

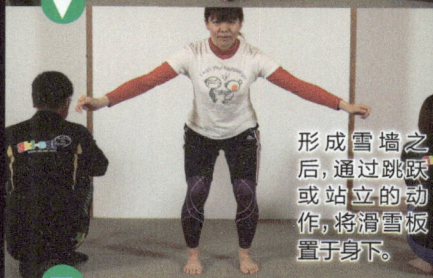

形成雪墙之后，通过跳跃或站立的动作，将滑雪板置于身下。

▼

当雪的反作用力比较大时，可以通过屈膝的动作，将滑雪板置于身下。

在双腿不稳定时，最重要的是将滑雪板至于自身的体下。这时可以通过跳跃或者屈膝切换动作。

**无法完美达成之时**
**看看这里**

越是困难的状况，所做的动作越简单（保持重心）。

**一起来检查!**

☐ 是否能够将重心均匀地放在整个脚掌上。
☐ 头脑中是否能够想象到制造雪墙的动作。
☐ 在冻雪上是否能够想象到制造雪墙的动作。

# 雪面太硬的话，要将滑雪板切入雪面

**要点**

① 将重心置于滑雪板上。
② 充分转动滑雪板。
③ 不要介意小的失误。

## 虽然雪质有变化，但是身体的动作保持不变

在冻雪上滑行时，经常因为雪面太硬，即使把身体重心都放在滑雪板上，滑雪板也无法沉入雪中。在这种情况下，雪的作用力会突然反馈到滑雪板，导致上身还没有准备好滑雪板已开始向前滑动了。

为了避免这种情况，要将滑雪板切入雪面。如果使用滑雪刃滑行，身体会很容易跟上滑雪板的动作。具有一定的速度之后，可以考虑使用凹凸坡道上前腿弯曲的技巧。

将重心置于滑雪板上。

虽然腿部的动作有些变化，但是上半身的动作保持不变。如果事先了解雪面比较硬，在转身动作的前半段，双腿的动作就要做好相应的准备。

要点
**2**

充分转动滑雪板。

虽然滑雪板要切入雪面，但是不能盲目地转动滑雪板的方向。如果转动的角度过大，滑雪板有可能完全横过来，很难连接下一个转体动作。因此和滑雪场的雪道相同，要弯曲滑雪板后切入雪面。

要点
**3**

不要介意小的失误。

在难度比较大的场地滑雪时，对每次转体的效果不必过于介意。在斜面上，动作出现一些失误是理所当然的。因此，绝对不能停下滑行，要立刻进行下面的动作。

**无法完美达成之时
看看这里**

和多人一起滑雪时，一定要保持排在最后的位置。这样可以从别人的动作中了解雪的质地。

**一起来检查!**

☐ 上半身是否能够跟上下半身的动作。
☐ 是否能够连续急性转弯了。
☐ 是否能够挑战具有难度的路线了。
☐ 是否在真正地享受滑雪运动。

# 本书中出现的专业用语

在本书中极力避免使用太专业的词汇，但是还是会出现一些和滑雪相关的专业词汇。接下来我们将对这些独特的表现方法进行一下通俗易懂的解释。

## ❶ 山上脚和山下脚

从斜面下方来看，上侧的脚称为"山上脚"，下侧的脚称为"山下脚"。双脚在每次转弯时，名称可以互换。

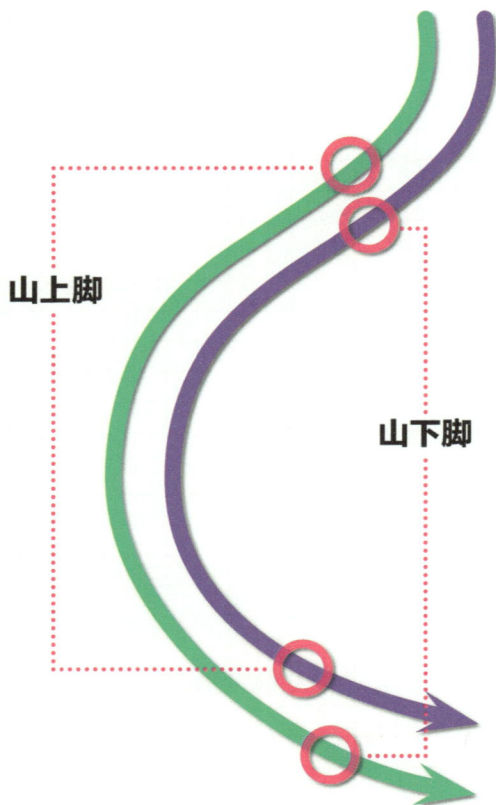

## ❷ 外脚和内脚

在转弯动作中，处于外侧的脚称为"外脚"，处于内侧的脚称为"内脚"。当转弯的方向改变时，双脚的名称可以互换。

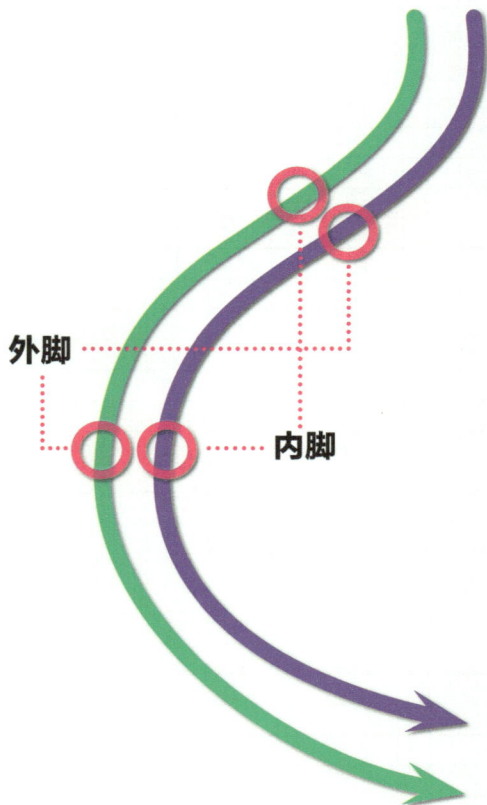

山上脚

山下脚

外脚

内脚

## ❸ 山上板和山下板
## 外板和内板

在转弯动作中，处于外侧的滑雪板称为"外板"，处于内侧的滑雪板称为"内板"。当转弯的方向改变时，两个滑雪板的名称可以互换。

山上板
外板

山下板
内板

山下板
外板

山上板
内板

## ❹ 下降线

从斜坡的上端到下端用一条线连接的话，其中最倾斜的部分称为"下降线"。

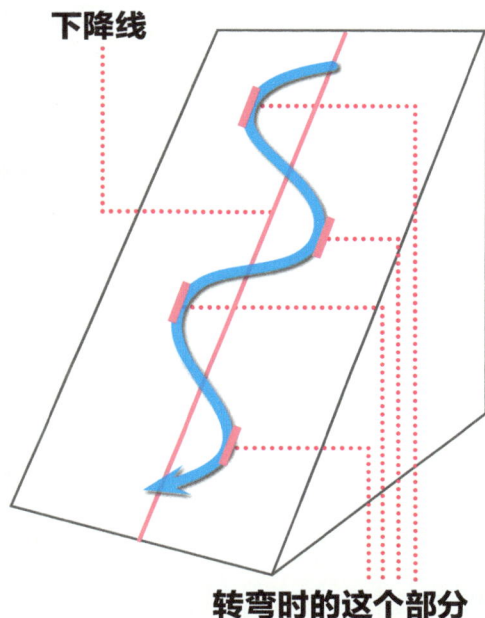

下降线

转弯时的这个部分

## ❺ 转弯前段和转弯后段

转弯前半程

转弯后半程

下降线的前半段称为"转弯前半程"，下降线的后半段称为"转弯后半程"。实际上，大家往往把下降线的前半段和中间部分通称为"转弯前半程"，之后的部分称为"转弯后半程"。

## ❻ 山侧回转和谷侧回转

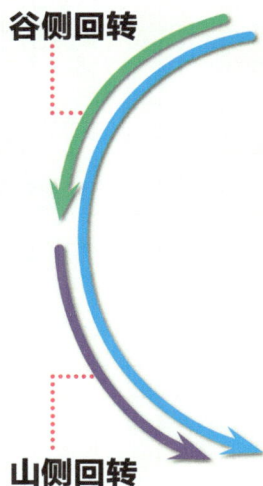

谷侧回转

山侧回转

在转弯的后半程，滑雪板的方向接近横向滑行。这个过程为"登坡"。相反，转弯前半程滑雪板的方向朝下时，称为"下坡"。

121

## ❼ 动作切换

指的是转弯和转弯的连接部分，也就是前一次转弯的后半部分到下一次转弯的前半部分的过程。因为有必要改变滑雪板的方向，所以是串联动作中的关键所在。

动作切换

## ❽ 双脚的间距

指的是双脚之间的间距。间距越大，使用滑雪刃的动作就越灵活。如果间距变窄的话，两根滑雪板的动作接近于一根滑雪板，同时运动起来更容易。如果在高低不平的雪道或新雪上滑行的话，左右滑雪板会有高低差，间距小一些的话更容易控制。

间距小

间距大

## ❾ 加压，荷重

只是将自己的体重加在滑雪板上的动作。以前主要指的是将体重垂直向下传送，所以使用了"荷重"这个词。现在主要用于转弯时将体重向外侧传送的动作，因此更多地使用"加压"这个词。而且还泛指滑雪中施加重力和力量的意思。

加压

## ⑩ 向外侧倾斜

指的是在转弯时，上半身向外侧倾斜。在滑雪板的形状还是又长又直的时代，要通过上半身的动作来帮助滑雪板进行转弯。当时，为了保持平衡，要努力做出向外侧倾斜的姿势。但是现在，由于滑雪板变得容易控制方向了，所以没有必要做出这种姿势。这已经被大家当作转弯时自然的姿势了。

## ⑪ 准备动作

为了顺利进行下一次转弯，在身体的动作进行切换之前，要做好准备动作。如果准备动作做得很充分，进入转弯的动作就会非常顺利。如果准备动作的时机不对，或者动作幅度过大，会有可能导致身体失去平衡。

# 后 记

简单而高效的滑雪动作一直是我们这些滑雪爱好者所追求的共同目标。在考虑到这个问题时，我一直在摸索通俗易懂的指导方法。正好Ski-est滑雪学校的校长佐藤纪隆先生给了我一个这样的机会，让我把对滑雪技术的一些理解，通过本书进行归纳和总结。

自从滑雪板的形状开始发生改变以来，已经走过了15年的岁月。随着滑雪装备的发展，很多媒体都在讨论滑雪的技巧。但是一些新出现的专门用语，令众多的滑雪爱好者感到莫名其妙。正是由于这个原因，不少滑雪爱好者都会问我："今年是否出现了新的滑雪技巧？"虽然技巧每年都会有些变化，但是滑雪的基本技术是不变的。当大家在滑雪的学习过程中遇到困难之时，希望本书能够给大家提供一些小小的参考。

佐佐木常念

## 特约编辑后记

　　滑雪的技巧日新月异，但是一些不符合实际的理论以及指导方法却充斥于众多媒体之中，令很多滑雪爱好者感到不知所措。在学校中，我曾经见过很多这样的滑雪爱好者，并且给他们提出了很多实用的建议。

　　在当今，我们应该重视的依然是传统的滑雪技巧。无论是哪种运动，即便设备和器材不断发展和进步，人的身体构造却没有任何的变化。虽然大家都追求动作的效率，但是身体的运动方法却应该保持不变。

　　在这本书中，我们邀请了日本最有代表性的滑雪教练佐佐木常念先生对当今最流行的滑雪技巧进行了一次总结。书中虽然写了一些提高技巧的方法，但并不是提高技巧的答案。答案需要大家在阅读这本书之后自己总结出来。在接下来的这个滑雪季中，我希望能和众多的滑雪爱好者在滑雪场相遇。

佐藤纪隆

## 佐佐木常念

公益财团法人，日本职业滑雪教练协会（SIA）指定教练。

1971年生于日本长野县。作为日本职业滑雪教练协会（SIA）指定教练，已经从事了17年滑雪教学工作，并且在第12年到第14年连续3年蝉联了滑雪教练比赛的冠军。

曾经作为日本代表选手，参加过在瑞士和斯洛文尼亚举办的世界滑雪教练锦标赛。

作为日本代表选手参加了韩国以及奥地利举办的世界滑雪比赛。取得了法国的滑雪教练资格证书。

他还拥有日本山岳导游协会颁发的登山导游资格证。在滑雪季节以外，他在户隐周围从事山岳向导的工作。此外，他对于日本攀岩以及越野跑的普及也发挥了巨大作用。

场 地

## 志贺高原滑雪场

位于上信越高原国立公园的中部，在海拔1 200米到2 300米之间拥有19个滑雪场。这里曾经作为1998年长野冬季奥运会的比赛场地，是日本最大的滑雪胜地。滑雪场直接使用缆车和巴士进行串联，滑遍19个滑雪场需要一天以上的时间。滑雪场采用优质的人工造雪，每年的滑雪季持续到5月黄金周为止，这也是志贺高原滑雪场最大的特色。

从左到右
佐藤纪隆
高桥裕之(乘鞍分校 校长)
三上信二(志贺分校 校长)
玉井翠
赤塚衣里子

协 助 编 写 人 员

## Ski-est滑雪学校

位于志贺高原的一之濑、乘鞍、白马等地的住宿制滑雪学校。其中的白马分校为日本踢拉板滑雪协会(TAJ)指定的滑雪学校。学校和奥地利的滑雪胜地常年进行交流,每年组织滑雪爱好者去奥地利进行集训。学校的办学理念是,学习能在世界各地的滑雪场地滑雪的技巧。对于初学者,学校也积极地利用凹凸不平的场地以及新雪进行技术指导。校长佐藤纪隆是这本著作的特约编辑,在滑雪杂志上也拥有自己的专栏。

### Ski-est滑雪学校办公室
160-0022东京都新宿区1-23-5
Sansara御苑402

踢拉板滑雪　从前到后 吉田光里, 回谷永和

## Chalet志贺滑雪酒店

到钻石滑雪场步行一分钟,到一之濑滑雪场步行数分钟,地理位置得天独厚。此外,使用各个季节的新鲜食材制作的料理,以及只有在这里可以饮用到的志贺高原啤酒值得推荐。和曾经在奥地利学习滑雪的总经理聊聊天,也是受益匪浅的。

Chalet志贺滑雪酒店

**图书在版编目（CIP）数据**

双板滑雪教程：提高滑雪水平的50个基本要领 /
（日）佐佐木常念主编；杨凡，王爽威译. — 2版（修订
本）. — 北京：人民邮电出版社，2019.10
ISBN 978-7-115-50883-6

Ⅰ. ①双… Ⅱ. ①佐… ②杨… ③王… Ⅲ. ①雪上运
动—教材 Ⅳ. ①G863.1

中国版本图书馆CIP数据核字（2019）第037864号

## 内 容 提 要

　　滑雪技术日新月异，但滑雪的本质——站在滑雪板上、保持平衡、控制身体重心去滑行，是不变的。因此，针对基础滑行方法的练习依旧是提高滑雪水平的关键。本书是《极速前进！提高滑雪水平的50个基本要领》的修订版，讲解了重视平衡和重视回转这两种最基本的滑行方式，并从转弯的基本技巧、大回转、小回转、有障碍物的地形，以及新雪、冰冻积雪的不同雪场情况五个层面，向滑雪爱好者提供了50个基本要领。全书以专业教练在雪场实景拍摄的照片来展示动作技巧，并辅以动作要点和滑行路线的提示，以及动作难点和易错点的说明，致力于帮助读者快速准确地掌握动作要点，提高滑雪水平。

◆　主　　编　　[日]佐佐木常念
　　译　　　　　杨　凡　王爽威
　　责任编辑　　林振英
　　责任印制　　周昇亮

◆　人民邮电出版社出版发行　　北京市丰台区成寿寺路 11 号
　　邮编　100164　　电子邮件　315@ptpress.com.cn
　　网址　http://www.ptpress.com.cn
　　廊坊市印艺阁数字科技有限公司印刷

◆　开本：700×1000　1/16
　　印张：8　　　　　　　　　　　2019 年 10 月第 2 版
　　字数：233 千字　　　　　　　2025 年 1 月河北第 6 次印刷
　　著作权合同登记号　图字：01-2015-3963 号

定价：58.00 元

读者服务热线：**(010)81055296**　印装质量热线：**(010)81055316**
反盗版热线：**(010)81055315**
广告经营许可证：京东市监广登字 20170147 号